ANA CLARA SOUZA

O poder da mulher que ora

CONECTANDO O CORAÇÃO À PRESENÇA DE DEUS

Penkal
TUDO EM LIVROS, LIVROS PARA TODOS.

Direção Geral
Adriel Ribeiro Penkal

Coordenador Editorial
Cristiano Braz Jorgini
Giovanna Felipe

Revisão
João Paulo Esteves
Larissa Sampaio Zanelatto

Edição
Silas N. Silva

Projeto Gráfico
Felippe Souza

Diagramação
Felippe Souza

Capa
Felippe Souza

ISBN 978-65-277-0260-3

R. Antônio Sabino, 203 - Parque Industrial - Ibiporã - PR
www.livrariasfamiliacrista.com.br

Impressão: SEARON GRÁFICA

sumário

Introdução

A oração é uma prática que transcende tempos, culturas e circunstâncias. Desde os relatos das Escrituras até os testemunhos modernos, ela se apresenta como a conexão mais íntima e poderosa entre o ser humano e o divino. Para as mulheres, a oração é especialmente significativa, pois não apenas fortalece sua espiritualidade, mas também molda seus papéis como esposas, mães, líderes e intercessoras. O livro que você tem em mãos é um convite a explorar as profundezas da comunhão com Deus, refletindo sobre como a oração transforma corações, renova forças e gera impacto em todos os aspectos da vida.

Ao longo das páginas, somos convidados a caminhar pelas histórias de mulheres que marcaram a história bíblica através da oração, como Ana, Ester e Maria. Essas figuras nos inspiram a viver uma vida de intercessão, fé e entrega total aos propósitos divinos. Além disso, o texto nos desafia a compreender a oração não apenas como um ato religioso, mas como uma relação viva e dinâmica com o Criador. Este é um livro que conecta a realidade cotidiana à espiritualidade profunda, mostrando que cada oração é uma oportunidade de transformação — pessoal e comunitária. Independentemente das circunstâncias, a oração se revela como um refúgio, uma fortaleza e uma arma espiritual para as mulheres que buscam viver em alinhamento com os propósitos de Deus.

CAPÍTULO 1

A essência da oração na vida da mulher

A oração é mais do que um exercício religioso; ela é a expressão mais pura de uma alma que se conecta ao Criador. Desde os primórdios da humanidade, homens e mulheres têm buscado em oração um refúgio diante das adversidades, uma âncora nas tempestades e um canal de comunhão com Deus. Para as mulheres, especificamente, a oração se torna uma ferramenta poderosa, não apenas como um ato de devoção, mas também como um meio de moldar o mundo ao seu redor.

Ao longo das Escrituras, vemos mulheres cuja vida de oração transformou situações, intercedeu por nações e mudou histórias familiares. A oração de uma mulher é um clamor que ecoa nos céus e manifesta o poder de Deus na terra. Contudo, mais do que palavras proferidas, a oração é um relacionamento. É nesse espaço íntimo que o coração feminino encontra conforto, força e propósito para enfrentar os desafios da vida cotidiana.

A sociedade contemporânea apresenta inúmeras demandas para as mulheres. Elas desempenham papéis diversos como mães, esposas, profissionais e líderes, muitas vezes carregando pesos emocionais e espirituais em silêncio. Nesse contexto, a oração não é apenas uma prática religiosa; ela se torna o alicerce de uma vida equilibrada, um refúgio seguro e um momento de reconexão com o Deus que vê, ouve e responde. Este capítulo convida a explorar a profundidade da oração na vida da mulher, revelando que não se trata de um rito ou obrigação, mas de um relacionamento vital para uma jornada espiritual transformadora.

A mulher que busca o coração de Deus

A mulher que busca o coração de Deus entende que sua vida espiritual é uma trajetória contínua de transformação. Mais do que um desejo por respostas, ela procura conhecer a vontade divina e moldar sua vida de acordo com os propósitos de Deus. Essa busca é marcada por um coração humilde e um espírito contrito, conforme descrito no Salmo 51:17: "O sacrifício que agrada a Deus é um espírito quebrantado; um coração quebrantado e contrito, ó Deus, não desprezarás."

Nas Escrituras, Davi é frequentemente citado como um exemplo de alguém que buscou intensamente o coração de Deus. Assim como ele, a mulher que ora com fervor demonstra um profundo anseio por agradar ao Senhor, colocando a comunhão com ele acima das demandas mundanas. No contexto feminino, essa busca pode ser desafiadora devido às muitas responsabilidades e expectativas sociais. Contudo, é na simplicidade de um coração que se rende a Deus que ela encontra o verdadeiro sentido da vida espiritual.

Essa busca não se limita aos momentos de tranquilidade, mas também se manifesta nas tribulações. A mulher que ora clama a Deus mesmo em meio às suas lutas, sabendo que ele é fiel para ouvir e responder. A oração de Ana, registrada em 1 Samuel 1, exemplifica essa busca fervorosa. Ana chorou diante do Senhor com um coração aflito, mas em sua oração havia confiança e entrega. Como resultado, não apenas recebeu o milagre que pediu, mas também experimentou uma transformação interna que lhe permitiu confiar na soberania divina.

Oração: mais que palavras, um relacionamento

A oração, quando compreendida como um relacionamento, muda completamente a perspectiva de quem ora. Ela não é apenas um meio de apresentar pedidos ou alcançar favores divinos, mas uma oportunidade de conhecer mais profundamente o caráter de Deus. Jesus, ao ensinar sobre oração no Sermão do Monte, enfatizou a intimidade dessa prática ao referir-se a Deus como "Pai" (Mateus 6:9). Essa expressão não é casual; ela revela a natureza amorosa e acessível de Deus, convidando cada mulher a se aproximar dele com confiança e afeto.

Para a mulher contemporânea, constantemente dividida entre trabalho, família e compromissos, a oração pode parecer um desafio adicional. No entanto, é justamente nesse ritmo acelerado que ela descobre a necessidade de desacelerar e priorizar sua conexão com Deus. Como Marta e Maria, mulheres que tiveram o privilégio de receber Jesus em sua casa, há momentos em que é necessário pausar as atividades e sentar-se aos pés do Mestre para ouvir sua voz (Lucas 10:38-42).

Esse relacionamento é construído com constância e sinceridade. A mulher que ora regularmente não apenas conhece a Deus mais profundamente, mas também permite que ele molde seu caráter e direcione suas decisões. É nesse espaço de oração que ela encontra sabedoria para enfrentar desafios, força para superar adversidades e paz para descansar nas promessas divinas. A oração, portanto, não é apenas um momento de comunicação, mas uma prática transformadora que renova a mente e o espírito.

A TRANSFORMAÇÃO INTERIOR ATRAVÉS DA INTERCESSÃO

A intercessão é um ato de amor sacrificial que reflete o próprio caráter de Cristo. Quando uma mulher intercede por sua família, por sua igreja ou pela sociedade, ela se torna um canal pelo qual o poder de Deus opera. Essa prática não apenas beneficia aqueles pelos quais ela ora, mas também transforma quem intercede, moldando sua compaixão, empatia e dependência de Deus.

Ana, a mãe de Samuel, é um exemplo notável dessa transformação. Em 1 Samuel 1, vemos uma mulher aflita, lutando contra o peso da esterilidade e da humilhação. Contudo, ao derramar seu coração diante de Deus, ela não apenas recebeu o milagre que desejava, mas também foi renovada em sua fé. Sua intercessão foi tão fervorosa que o sacerdote Eli a confundiu com uma mulher embriagada. Essa intensidade revela que a intercessão vai além das palavras; ela é um clamor profundo da alma que se alinha com os propósitos divinos.

Além disso, a intercessão ensina a paciência e a confiança na soberania de Deus. A mulher que intercede regularmente aprende a descansar no tempo e na vontade de Deus, mesmo quando as respostas não vêm de forma imediata. Essa prática molda seu caráter, ensinando-a a depender completamente do Senhor e a colocar as necessidades dos outros acima das suas. Com o tempo, ela descobre que a intercessão não apenas transforma situações externas, mas também produz frutos internos como a paz, a alegria e a esperança.

CAPÍTULO 2

Mulheres da Bíblia que oraram e foram ouvidas

As Escrituras estão repletas de histórias de mulheres cuja fé e persistência em oração geraram mudanças profundas em suas vidas e no contexto ao seu redor. Suas orações atravessaram o tempo, tornando-se testemunhos vivos do poder de Deus em responder àqueles que se aproximam dele com um coração sincero. Cada uma dessas mulheres nos ensina lições valiosas sobre perseverança, submissão à vontade divina e a confiança em um Deus que é fiel para ouvir e agir.

Neste capítulo, exploraremos as histórias de mulheres como Ana, Ester e Maria, mãe de Jesus. Por meio de suas experiências, veremos como a oração, em suas variadas formas, foi usada para interceder, louvar e buscar a direção divina. Essas mulheres exemplificam que a oração é um ato de fé e, muitas vezes, um processo de espera e transformação. Mais do que respostas imediatas, elas nos mostram que a oração é um meio de alinhar nossos corações ao propósito de Deus e de testemunhar sua fidelidade.

Ana: um coração quebrantado e um milagre

Ana, uma das figuras mais emblemáticas da Bíblia no que diz respeito à oração, é lembrada por seu coração contrito e sua devoção inabalável. Encontramos sua história em 1 Samuel 1, onde ela aparece como uma mulher profundamente aflita, vivendo sob o peso da esterilidade em uma sociedade que valorizava intensamente a maternidade. Além disso, ela enfrentava a provocação constante de Penina, outra esposa de seu marido, que tinha filhos.

Ana nos ensina que a oração verdadeira nasce do coração. Ela foi ao templo e derramou sua alma diante de Deus, como relata 1 Samuel 1:10-11: "E ela, com amargura de alma, orou ao Senhor, e chorou abundantemente. E fez um voto, dizendo: Ó Senhor dos Exércitos, se benignamente atentares para a aflição da tua serva, e de mim te lembrares, e da tua serva não te esqueceres, mas à tua serva deres um filho homem, ao Senhor o darei por todos os dias da sua vida, e sobre a sua cabeça não passará navalha."

Sua oração não foi apenas um pedido, mas um ato de entrega total. Ela prometeu devolver o filho ao Senhor, mostrando que sua maior motivação não era o cumprimento de um desejo pessoal, mas a glória de Deus. Esse voto revela a profundidade de sua fé e sua compreensão de que tudo o que recebemos pertence, em última instância, ao Senhor.

Deus respondeu à oração de Ana, concedendo-lhe um filho, Samuel, que se tornou um dos maiores profetas de Israel. Sua história nos lembra que, mesmo nas situações mais difíceis, Deus ouve aqueles que clamam a ele com fé. Além disso, Ana nos ensina a importância de agradecer e louvar após recebermos a resposta de nossas orações, como evidenciado em sua oração de louvor registrada em 1 Samuel 2:1-10.

Ester: o jejum e a oração que salvaram uma nação

Ester é uma figura que exemplifica a intercessão corajosa e estratégica em momentos de crise. Como rainha de um império pagão, ela enfrentou o desafio de interceder por seu povo diante de uma ameaça de genocídio. A história, registrada no livro de Ester, revela o poder combinado da oração, do jejum e da ação.

Quando Hamã, um oficial do rei Assuero, trama a destruição dos judeus, Mordecai, primo de Ester, convoca-a para agir. Inicialmente relutante devido ao perigo que enfrentaria ao se aproximar do rei sem ser chamada, Ester decide buscar a direção divina antes de agir. Ela ordena um jejum coletivo, conforme Ester 4:16: "Vai, ajunta todos os judeus que se acharem em Susã, e jejuai por mim, e não comais nem bebais por três dias, nem de noite nem de dia; eu e as minhas servas também assim jejuaremos. E assim irei ter com o rei, ainda que não seja segundo a lei; e se perecer, pereci."

O jejum de Ester e de seu povo foi acompanhado por oração fervorosa. Essa prática nos ensina que a intercessão é mais eficaz quando combinada com dependência total de Deus. Ester não apenas pediu ajuda a Deus, mas também agiu com coragem e sabedoria, colocando sua fé em prática. Como resultado, o povo judeu foi salvo, e Hamã, o inimigo, foi derrotado.

A história de Ester nos desafia a orar e agir em favor daqueles que não podem lutar por si mesmos. Ela nos mostra que a oração não é um substituto para a ação, mas um alicerce sobre o qual agimos com confiança e discernimento.

Maria, mãe de Jesus: submissão e louvor em oração

Maria, a mãe de Jesus, é uma das mulheres mais notáveis da Bíblia, conhecida por sua submissão à vontade de Deus e sua atitude de louvor. Sua história nos ensina que a oração é tanto uma expressão de aceitação quanto de adoração.

Quando o anjo Gabriel anunciou que ela seria a mãe do Salvador, Maria respondeu com humildade e fé: "Eis aqui a serva do Senhor; cumpra-se em mim segundo a tua palavra" (Lucas 1:38). Essa resposta não foi apenas um ato de aceitação, mas também uma oração de entrega à vontade de Deus, mesmo diante de uma tarefa desafiadora e repleta de incertezas.

Além disso, Maria é exemplo de uma vida marcada pelo louvor. Após visitar sua prima Isabel, ela entoou o Magnificat, uma oração de adoração e exaltação ao Senhor registrada em Lucas 1:46-55. Esse cântico é uma celebração da fidelidade de Deus e de seu plano redentor, destacando a humildade de Maria e sua gratidão por fazer parte desse propósito divino.

Maria nos ensina que a oração vai além de pedidos; ela inclui submissão, gratidão e louvor. Mesmo diante de desafios imensos, como o risco de rejeição social e o peso de criar o Filho de Deus, Maria confiou plenamente no plano divino e glorificou ao Senhor em todas as circunstâncias.

CAPÍTULO 3

O poder da oração no cotidiano

A oração no cotidiano é a chave que conecta o terreno ao celestial, o ordinário ao extraordinário. Muitas vezes, a vida pode parecer uma sequência interminável de tarefas e responsabilidades que consomem tempo e energia. Nesse contexto, é comum que a oração seja relegada a um lugar secundário ou associada apenas aos momentos de crise. No entanto, as Escrituras e os exemplos da fé cristã demonstram que a oração não é apenas um evento isolado, mas um estilo de vida.

Para a mulher que vive em um mundo marcado por tantas demandas e desafios, a oração oferece não apenas respostas, mas também direção, força e renovação. É no cotidiano que a oração se torna uma prática de dependência e entrega. Desde as pequenas decisões até os grandes dilemas, a mulher de oração encontra em Deus o seu sustento e sua paz.

Neste capítulo, exploraremos como a oração molda a vida diária, desde os momentos de dificuldade até os pequenos detalhes que frequentemente passam despercebidos. Além disso, discutiremos a importância de reservar um espaço e um tempo dedicados exclusivamente para a oração, criando um lugar secreto onde o coração humano encontra o divino.

Como perseverar em oração nas dificuldades

A perseverança em oração durante os momentos difíceis é um dos maiores desafios da vida cristã. O apóstolo Paulo, em Romanos 12:12, exorta: "Alegrem-se na esperança, sejam pacientes na tribulação, perseverem na oração." Essa orientação não é apenas um conselho prático, mas uma chamada à confiança inabalável na soberania de Deus, mesmo quando as circunstâncias parecem adversas.

A Bíblia está repleta de exemplos de pessoas que perseveraram em oração em meio às adversidades. Jó, por exemplo, enfrentou perdas inimagináveis, mas nunca abandonou sua conversa com Deus. Mesmo em sua dor, ele expressava suas dúvidas, perguntas e, por fim, sua confiança. Esse tipo de perseverança não significa negar a dor ou a dificuldade, mas reconhecer que Deus continua sendo um refúgio e uma fortaleza, mesmo quando não entendemos os seus caminhos.

Para muitas mulheres, as dificuldades podem surgir em forma de desafios familiares, problemas financeiros, crises de saúde ou conflitos emocionais. Nesses momentos, a oração perseverante se torna uma âncora. Quando as palavras parecem faltar, é possível clamar como o salmista: "Desde o fim da terra clamo a ti, por estar abatido o meu coração; leva-me para a rocha que é mais alta do que eu" (Salmos 61:2).

A perseverança em oração também exige paciência e fé. Nem todas as respostas vêm imediatamente, mas a prática contínua fortalece a confiança em Deus e alinha o coração humano à sua vontade. É no ato de perseverar que a mulher de oração descobre que a força não vem dela mesma, mas do Deus que é fiel para ouvir e agir no tempo certo.

Enxergando Deus nos pequenos detalhes

A oração no cotidiano não deve ser limitada aos grandes pedidos ou momentos de crise. Deus também está presente nos pequenos detalhes da vida, e a prática da oração nos ajuda a reconhecê-lo nesses momentos. Em Mateus 6:26-27, Jesus nos lembra da provisão de Deus até mesmo para as aves do céu e os lírios do campo, enfatizando que ele cuida de cada aspecto de nossas vidas.

Para muitas mulheres, o dia é repleto de tarefas aparentemente mundanas: cuidar da casa, trabalhar, criar os filhos ou administrar responsabilidades diversas. No entanto, a oração transforma essas atividades em oportunidades de adoração e dependência. Ao agradecer pelo alimento que está sendo preparado ou ao orar enquanto realiza uma tarefa rotineira, a mulher de oração desenvolve uma consciência constante da presença de Deus.

Essa prática de reconhecer Deus nos detalhes não apenas traz paz, mas também gera gratidão. Quando se aprende a enxergar o cuidado divino nas pequenas coisas, como um pôr do sol, uma conversa significativa ou uma solução inesperada para um problema, a perspectiva muda. A mulher de oração compreende que nada é pequeno demais para Deus e que ele se preocupa com cada aspecto de sua vida.

Além disso, essa prática fortalece a fé. Quando reconhecemos o cuidado de Deus nas coisas simples, tornamo-nos mais confiantes em sua provisão para os grandes desafios. Como o salmista declarou: "Bendize, ó minha alma, ao Senhor, e não te esqueças de nenhum dos seus benefícios" (Salmos 103:2).

A IMPORTÂNCIA DE UM LUGAR SECRETO PARA ORAR

Jesus, em Mateus 6:6, ensina: "Mas, quando orares, vai para o teu quarto, fecha a porta e ora a teu Pai, que está em secreto. Então teu Pai, que vê em secreto, te recompensará." Esse versículo destaca a importância de criar um espaço dedicado à comunhão com Deus, longe das distrações e interrupções da vida diária.

O lugar secreto não é necessariamente um espaço físico, mas um momento e um estado de espírito em que a mulher pode se desligar das preocupações externas e se concentrar inteiramente em Deus. Esse lugar pode ser um canto da casa, um banco no parque ou até mesmo um momento de silêncio no carro. O que importa é a intenção de criar um ambiente de intimidade com o Pai.

Ter um lugar secreto para orar também ajuda a cultivar a disciplina espiritual. Na correria do dia a dia, é fácil permitir que outras responsabilidades tomem o tempo que deveria ser dedicado à oração. No entanto, quando há um compromisso intencional de se retirar para estar com Deus, a oração se torna uma prioridade e não apenas uma atividade opcional.

Além disso, o lugar secreto é onde a mulher encontra descanso e renovação. É ali que ela pode derramar suas preocupações, confessar seus pecados, buscar direção e ser fortalecida pela presença de Deus. Nesse espaço sagrado, a oração não é apenas um monólogo, mas um diálogo onde a mulher ouve a voz de Deus por meio de sua Palavra e do Espírito Santo.

CAPÍTULO 4

Intercessão

A intercessão é uma das expressões mais sublimes do amor cristão e um convite divino para participar ativamente dos planos de Deus. Quando uma mulher se dispõe a interceder, ela se posiciona entre o Céu e a terra, clamando por intervenção, direção e transformação em favor de outros. Mais do que palavras pronunciadas, a intercessão é um ato de compaixão, um reflexo do coração de Deus, que deseja reconciliar o mundo consigo mesmo. É através da intercessão que as promessas divinas são reivindicadas e que as muralhas espirituais são derrubadas.

A prática da intercessão não apenas impacta aqueles por quem se ora, mas também transforma profundamente a vida da intercessora. Ao se colocar na brecha, como descrito em Ezequiel 22:30, a mulher que intercede desenvolve empatia, perseverança e uma fé inabalável na soberania de Deus. Interceder exige coragem, pois muitas vezes significa clamar por situações que parecem impossíveis de mudar. No entanto, é nesse exercício que a intercessora aprende a confiar não em sua própria força, mas no poder do Deus que tudo pode.

Neste capítulo, exploraremos como a intercessão se manifesta em diferentes esferas da vida: na família, nos relacionamentos e em causas globais. Destacaremos exemplos bíblicos de mulheres que usaram a intercessão como uma arma espiritual poderosa, transformando realidades e gerando impacto duradouro. Além disso, veremos como a prática contínua da intercessão molda o caráter, aprofunda o relacionamento com Deus e alinha a intercessora aos propósitos divinos.

Interceder é um chamado aberto a todas as mulheres de fé. Não importa o contexto ou a estação da vida, toda mulher pode ser uma intercessora, carregando em suas orações as dores e esperanças do mundo ao seu redor. Este capítulo é um convite para que cada mulher descubra o poder da intercessão e se levante como uma guerreira espiritual, clamando por sua família, sua comunidade e além.

O PAPEL DA INTERCESSORA NA FAMÍLIA

A família é um dos ambientes mais significativos para o exercício da intercessão. Dentro do lar, surgem desafios constantes que requerem sabedoria, paciência e direção divina. É aqui que a mulher é chamada a se tornar uma sentinela espiritual, vigilante em oração por aqueles que ama. A intercessão na família não é apenas um ato de devoção, mas uma demonstração prática de amor e compromisso.

Na Bíblia, encontramos exemplos de mulheres que intercederam fervorosamente por suas famílias. Rebeca, por exemplo, buscou a Deus para entender o que estava acontecendo em sua gestação, quando sentiu os gêmeos lutando em seu ventre (Gênesis 25:22-23). Sua oração revela que questões familiares, mesmo antes do nascimento, são dignas de serem trazidas diante de Deus. Outra figura emblemática é Ana, que intercedeu com lágrimas por um filho. Sua oração foi ouvida, e Deus lhe deu Samuel, que se tornou um dos maiores líderes de Israel (1 Samuel 1:10-20).

Para muitas mães, a intercessão por seus filhos é uma prioridade espiritual. Elas oram pela saúde, pelo futuro, pela proteção e pela salvação de seus filhos. Essas orações são como sementes plantadas, que muitas vezes germinam e dão frutos no tempo certo. O exemplo de Mônica, mãe de Agostinho de Hipona, é inspirador. Ela orou incessantemente pela conversão de seu filho durante anos, e suas orações foram atendidas quando Agostinho se entregou a Cristo, tornando-se um dos maiores teólogos da Igreja.

Além disso, a intercessão na família não é exclusiva das mães. Esposas desempenham um papel essencial ao orar por seus cônjuges, fortalecendo seus relacionamentos e buscando sabedoria divina para enfrentar os desafios do casamento. Em Provérbios 31:11-12, a esposa virtuosa é descrita como alguém que faz bem ao marido todos os dias de sua vida. Esse bem certamente inclui a oração intercessória, que promove unidade e traz proteção espiritual ao lar.

A intercessão também tem o poder de transformar relacionamentos familiares. Em momentos de conflito, a oração abre espaço para que Deus trabalhe nos corações, trazendo reconciliação e paz. Como lemos em Filipenses 4:6-7, "Não andem ansiosos por coisa alguma, mas em tudo, pela oração e súplicas, e com ação de graças, apresentem seus pedidos a Deus. E a paz de Deus, que excede todo o entendimento, guardará os seus corações e as suas mentes em Cristo Jesus."

A mulher intercessora entende que sua oração é uma batalha espiritual. Como Paulo escreve em Efésios 6:12, "pois a nossa luta não é contra seres humanos, mas contra os poderes e autoridades, contra os dominadores deste mundo de trevas, contra as forças espirituais do mal nas regiões celestiais." Por meio da oração, ela se torna uma guerreira espiritual, reivindicando as promessas de

Deus para sua família e protegendo seus entes queridos contra as investidas do inimigo.

Clamando por amigos, irmãos e nações

A intercessão se estende além da esfera familiar, alcançando amigos, irmãos na fé e até mesmo nações. Orar pelos outros é um ato de amor e solidariedade que reflete o coração de Cristo. Em João 15:13, Jesus declara: "Ninguém tem maior amor do que aquele que dá a sua vida pelos seus amigos." Embora nem todos sejam chamados a sacrificar suas vidas fisicamente, todos podem oferecer orações em favor dos outros, colocando suas necessidades diante de Deus.

No livro de Jó, encontramos um exemplo poderoso de intercessão pelos amigos. Jó, mesmo após sofrer grandes perdas, foi chamado a orar por seus amigos, que haviam falado erroneamente sobre Deus. Em Jó 42:10, lemos que "Depois que Jó orou por seus amigos, o Senhor o tornou novamente próspero e lhe deu em dobro tudo o que tinha antes." Esse relato mostra que a intercessão não apenas beneficia aqueles por quem oramos, mas também traz bênçãos à nossa própria vida.

A intercessão por nações é igualmente significativa. Ester é um exemplo clássico de intercessão em favor de seu povo. Como rainha, ela utilizou sua posição para interceder junto ao rei Assuero, arriscando sua própria vida para salvar os judeus de um genocídio. Seu jejum e oração, combinados com uma ação estratégica, resultaram na salvação de sua nação (Ester 4:16). A história de Ester nos ensina que a intercessão muitas vezes exige coragem e sacrifício.

Em tempos modernos, a intercessão por causas globais, como a paz mundial, a justiça social e a liberdade religiosa são tão necessárias quanto nunca. Mulheres em todo o mundo têm se levantado como intercessoras em contextos de guerra, fome e perseguição. Essas orações não apenas demonstram compaixão, mas também revelam uma visão celestial das questões que afetam o mundo.

A INTERCESSÃO QUE MOVE MONTANHAS

Jesus declarou: "Se tiverem fé do tamanho de um grão de mostarda, poderão dizer a este monte: 'Vá daqui para lá', e ele irá. Nada será impossível para vocês" (Mateus 17:20). Essa promessa enfatiza o poder da fé e da oração intercessória. Quando uma mulher intercede com fé, ela se torna uma participante ativa no plano de Deus para transformar situações aparentemente impossíveis.

A intercessão que move montanhas não se limita ao mundo visível. Ela ultrapassa fronteiras, alcança corações endurecidos e transforma realidades espirituais. É por meio da oração persistente que vemos vidas restauradas, portas abertas e milagres realizados. A mulher que intercede aprende que Deus é fiel para responder, mesmo que as respostas nem sempre sejam imediatas.

CAPÍTULO 5

Orando pelos filhos e gerações futuras

Orar pelos filhos e pelas gerações futuras é um ato de fé que transcende o presente e planta sementes de propósito e proteção divina para os que virão depois de nós. Essa prática, enraizada nas Escrituras, reflete o papel essencial da mulher como uma guardiã espiritual. Sua oração não apenas sustenta os filhos no dia a dia, mas também lança fundamentos espirituais sólidos para que eles possam caminhar em direção ao propósito de Deus. A mulher de oração é aquela que entende que seu clamor alcança as gerações, moldando vidas, decisões e destinos.

A Bíblia oferece exemplos claros do poder da oração intercessória em favor das futuras gerações. Em Deuteronômio 6:6-7, Deus ordena que seus mandamentos sejam transmitidos de pais para filhos, reforçando que a instrução espiritual começa no lar e é sustentada pela oração. No Salmo 78:4-7, o salmista declara que a geração presente deve contar os feitos de Deus à geração futura, para que confiem no Senhor e não se esqueçam de suas obras. Essas passagens ilustram a importância de investir espiritualmente nas gerações que virão, garantindo que a herança da fé seja transmitida e preservada.

Neste capítulo, exploraremos a importância de orar pelos filhos, mesmo antes de seu nascimento, e como as orações moldam não apenas o presente, mas também o futuro. Discutiremos o papel da mulher como protetora espiritual, aquela que luta em oração pelos desafios que os filhos enfrentam e os protege contra as investidas do inimigo. Também refletiremos sobre como a oração pode plantar promessas divinas no coração dos filhos e como ensiná-los a buscar a Deus por si mesmos, garantindo que a chama da fé continue acesa através das gerações.

A MÃE DE ORAÇÃO COMO PROTETORA ESPIRITUAL

O papel da mãe como intercessora na vida dos filhos é incomparável. Desde o momento da concepção até os anos adultos, as orações de uma mãe têm o poder de proteger, guiar e moldar o destino de seus filhos. Mais do que apenas um dever, orar pelos filhos é uma expressão de amor e uma demonstração de fé em Deus como protetor e guia. Em um mundo repleto de desafios e perigos, a mãe intercessora age como uma sentinela espiritual, vigiando e clamando pela segurança e salvação de seus filhos.

A Bíblia nos apresenta exemplos poderosos de mães que oraram com fervor por seus filhos. Ana, a mãe de Samuel, é uma figura central nesse aspecto. Em 1 Samuel 1, encontramos uma mulher que, diante de sua incapacidade de ter filhos, orou ao Senhor com intensidade e fez um voto de consagrar seu filho a Deus. Sua oração não apenas resultou no nascimento de Samuel, mas também no início de um ministério profético que impactou toda a nação de Israel. A história de Ana nos ensina que as orações de uma mãe têm o poder de influenciar não apenas a vida de seus filhos, mas também o curso da história.

Além de Ana, outro exemplo marcante é Joquebede, mãe de Moisés. Em meio à opressão egípcia, Joquebede demonstrou fé ao esconder Moisés por três meses e colocá-lo em um cesto no rio Nilo, confiando sua vida a Deus (Êxodo 2:1-10). Embora a narrativa não mencione explicitamente suas orações, suas ações refletem uma confiança absoluta em Deus e uma intercessão silenciosa que preservou a vida de Moisés e permitiu que ele se tornasse o libertador de Israel.

A mãe intercessora também entende que suas orações não precisam ser perfeitas ou eloquentes; elas precisam ser sinceras. Em Romanos 8:26, Paulo nos lembra que o Espírito Santo intercede por nós "com gemidos inexprimíveis". Isso significa que, mesmo quando as palavras faltam, Deus entende os anseios do coração da mãe que clama por seus filhos. Suas orações podem incluir súplicas pela proteção física, emocional e espiritual dos filhos, bem como por sabedoria nas escolhas e por discernimento para enfrentar as tentações.

Além disso, a intercessão da mãe cria um escudo espiritual ao redor dos filhos. Em um mundo onde as influências negativas estão cada vez mais presentes, as orações maternas agem como uma barreira contra as armadilhas do inimigo. Como Paulo escreve em Efésios 6:12-13, "pois a nossa luta não é contra seres humanos, mas contra os poderes e autoridades, contra os dominadores deste mundo de trevas, contra as forças espirituais do mal nas regiões celestiais. Por isso, vistam toda a armadura de Deus, para que possam resistir no dia mau e permanecer inabaláveis, depois de terem feito tudo." A oração é uma das armas mais poderosas que uma mãe pode usar para proteger seus filhos espiritualmente.

Plantando promessas em orações pela descendência

Orar pelos filhos é muito mais do que pedir por suas necessidades imediatas; é plantar promessas divinas que frutificarão ao longo de suas vidas. Essas promessas, extraídas da Palavra de Deus, tornam-se um alicerce espiritual para os filhos e as gerações futuras. Quando uma mãe ora declarando as Escrituras sobre seus filhos, ela está semeando verdades eternas que moldarão seu caráter, suas escolhas e seu futuro.

A Bíblia está repleta de promessas que podem ser apropriadas em oração. Jeremias 29:11 é uma delas: "Porque eu sei os planos que tenho para vocês, diz o Senhor, planos de fazê-los prosperar e não de lhes causar dano, planos de dar-lhes esperança e um futuro." Essa promessa pode ser declarada sobre os filhos, confiando que Deus está guiando seus passos e planejando um futuro repleto de propósito. Outro exemplo é Provérbios 22:6, que diz: "Ensine a criança no caminho em que deve andar, e mesmo quando for idoso não se desviará dele." Essa é uma promessa que as mães podem reivindicar ao ensinar seus filhos nos caminhos de Deus.

Além disso, orar por promessas divinas é um ato de fé que vai além das circunstâncias visíveis. Mesmo quando os filhos enfrentam dificuldades ou se afastam da fé, as promessas de Deus permanecem. Em Isaías 55:11, lemos que a Palavra de Deus não volta vazia, mas cumpre o propósito para o qual foi enviada. Isso significa que, mesmo quando os resultados não são imediatos, as orações baseadas nas Escrituras têm um impacto eterno.

As promessas divinas também fornecem encorajamento para a mãe que ora. Em momentos de cansaço ou dúvida, lembrar-se das promessas de Deus renova a esperança e a perseverança. Elas garantem que, mesmo diante de desafios, Deus está no controle e trabalhando para o bem dos filhos. A história de Abraão e Sara, que receberam a promessa de que seriam pais de uma grande nação, é um exemplo de como a fé nas promessas de Deus pode sustentar uma família, mesmo em tempos de espera e incerteza.

Plantar promessas em oração também significa confiar que Deus cuidará das gerações futuras. Em Salmos 100:5, lemos: "Pois o Senhor é bom, e o seu amor leal é eterno; a sua fidelidade permanece por todas as gerações." Quando uma mãe ora pelas gerações que ainda virão, ela está contribuindo para a continuidade da herança espiritual de sua família, assegurando que a fé seja transmitida e que os planos de Deus sejam cumpridos.

Como ensinar os filhos a buscar a Deus

Orar pelos filhos é essencial, mas ensinar-lhes a buscar a Deus por si mesmos é igualmente vital. A oração dos pais é um alicerce, mas a conexão pessoal de cada filho com Deus é o que garantirá sua caminhada espiritual ao longo da vida. Ensinar os filhos a orar e a cultivar um relacionamento com Deus é um presente eterno que os preparará para enfrentar os desafios da vida com fé e confiança.

O ensino começa com o exemplo. Em Deuteronômio 6:6-7, Deus ordena: "Que todas estas palavras que hoje lhe ordeno estejam em seu coração. Ensine-as com persistência a seus filhos. Converse sobre elas quando estiver sentado em casa, quando estiver andando pelo caminho, quando se deitar e quando se levantar." Esse ensino inclui modelar uma vida de oração e comunhão com Deus, para que os filhos vejam a fé em ação e aprendam a valorizá-la.

O próximo passo é criar oportunidades para que os filhos pratiquem a oração. Isso pode ser feito em momentos simples, como antes das refeições, ou em situações mais significativas, como ao enfrentar uma decisão importante. Ensinar os filhos a orar também envolve mostrar-lhes que a oração não é apenas pedir coisas a Deus, mas também adorá-lo, agradecer e confessar.

Finalmente, os filhos devem ser incentivados a ler a Bíblia e a meditar nas Escrituras. Esse hábito fortalece sua fé e os ajuda a compreender o caráter de Deus. Quando uma mãe ensina seus filhos a buscar a Deus, ela está investindo em seu crescimento espiritual e equipando-os para viverem de acordo com os propósitos divinos.

CAPÍTULO 6

Orando em meio às tempestades da vida

A oração em meio às tempestades da vida é uma prática que reflete a confiança em Deus mesmo diante das maiores adversidades. Em um mundo marcado por incertezas, dores e desafios, as tempestades podem surgir de maneira inesperada, abalando nossa fé e testando nossa resiliência. Para a mulher de oração, esses momentos não são apenas períodos de sofrimento, mas oportunidades de fortalecer sua intimidade com Deus, reafirmar sua dependência nele e experimentar sua paz que excede todo entendimento (Filipenses 4:7).

A Bíblia está repleta de relatos de pessoas que enfrentaram tempestades emocionais, espirituais e físicas e encontraram refúgio na oração. Davi, por exemplo, clamou a Deus em meio às perseguições que enfrentava, como lemos nos Salmos. Jó, em meio às perdas devastadoras, manteve sua comunicação com Deus, mesmo sem entender completamente os propósitos divinos. Jesus, o exemplo supremo, buscou o Pai em oração no Jardim do Getsêmani, enquanto enfrentava a iminência de sua crucificação.

Orar em meio às tempestades não significa ignorar a dor ou negar os desafios. Pelo contrário, é reconhecer a soberania de Deus em todas as circunstâncias e buscar sua presença como fonte de força e consolo. A mulher que ora nesses momentos descobre que Deus não apenas acalma as tempestades ao seu redor, mas também traz paz ao seu coração, permitindo que ela enfrente as dificuldades com coragem e fé.

Este capítulo explorará como a oração transforma os momentos de caos em experiências de crescimento espiritual. Veremos o poder da oração para trazer paz em meio ao caos, como a oração com lágrimas pode expressar nossa confiança em Deus mesmo nas situações mais difíceis e como descansar nas promessas de Deus nos dá força para perseverar. A oração, nesses contextos, não é apenas um clamor por alívio, mas uma declaração de confiança no caráter imutável de Deus.

Paz em meio ao caos: oração e confiança

O caos é uma realidade inevitável da vida. Seja nas crises familiares, desafios financeiros, problemas de saúde ou lutas emocionais, há momentos em que tudo parece estar fora de controle. Nessas horas, a oração se torna um ancoradouro, uma maneira de estabilizar o coração e a mente diante das circunstâncias turbulentas. O salmista expressa essa confiança em Deus mesmo em meio ao caos ao declarar: "Deus é o nosso refúgio e fortaleza, socorro bem presente na angústia. Por isso, não temeremos, ainda que a terra se transforme e os montes se abalem no coração dos mares" (Salmos 46:1-2).

A paz que vem da oração não é uma ausência de problemas, mas a presença de Deus em meio a eles. Jesus prometeu essa paz aos seus discípulos em João 14:27: "Deixo-lhes a paz; a minha paz lhes dou. Não a dou como o mundo a dá. Não se perturbem os seus corações, nem tenham medo." Essa paz transcende a lógica humana, porque não depende das circunstâncias externas, mas da confiança no cuidado divino.

A oração durante o caos também nos ajuda a redefinir nossa perspectiva. Em vez de focar exclusivamente no problema, a oração nos permite elevar nossos olhos ao Deus que é maior do que qualquer tempestade. Quando Pedro caminhou sobre as águas ao encontro de Jesus, ele começou a afundar quando desviou seus olhos do Mestre e olhou para o vento e as ondas. Ao clamar: "Senhor, salva-me!", Pedro foi resgatado e aprendeu uma lição sobre manter o foco em Cristo (Mateus 14:28-31).

Para muitas mulheres, as tempestades da vida podem ser particularmente desafiadoras devido às responsabilidades acumuladas e às pressões sociais. A oração, nesses momentos, oferece um espaço para entregar a Deus as preocupações e encontrar renovação. É uma prática de dependência total, reconhecendo que, embora não possamos controlar as circunstâncias, podemos confiar em um Deus que controla todas as coisas.

Além disso, a oração nos lembra das promessas de Deus, que garantem sua presença em meio ao caos. Isaías 41:10 declara: "Por isso não tema, pois estou com você; não tenha medo, pois sou o seu Deus. Eu o fortalecerei e o ajudarei; eu o segurarei com a minha mão direita vitoriosa." Essas palavras são um lembrete de que, independentemente das dificuldades, Deus está conosco, sustentando-nos e guiando-nos com sua mão poderosa.

Quando as palavras faltam: orando com lágrimas

Há momentos em que a dor é tão profunda que as palavras falham. Nessas situações, as lágrimas se tornam nossa oração. Elas expressam o que o coração sente, mas a boca não consegue articular. Deus, que sonda os corações, entende cada lágrima como um clamor. O Salmo 56:8 reflete essa verdade ao dizer: "Registra, tu mesmo, o meu lamento; recolhe as minhas lágrimas no teu odre; acaso não estão anotadas no teu livro?"

Orar com lágrimas é uma prática de vulnerabilidade e rendição. Em João 11:35, vemos o próprio Jesus chorando diante do túmulo de Lázaro. Suas lágrimas não foram apenas uma expressão de tristeza, mas também de empatia e amor. Quando choramos diante de Deus, estamos reconhecendo nossa dependência dele e confiando que ele pode transformar nossa dor em algo significativo.

Um exemplo bíblico de oração com lágrimas é Ana, que clamou ao Senhor em sua angústia por não ter filhos (1 Samuel 1:10-11). Sua oração foi tão intensa que o sacerdote Eli pensou que ela estava embriagada. No entanto, Ana estava derramando sua alma diante de Deus, e suas lágrimas foram ouvidas. Sua história nos lembra que Deus não apenas ouve nossas palavras, mas também vê nossos corações.

A mulher que ora com lágrimas também experimenta a presença consoladora do Espírito Santo. Em Romanos 8:26, Paulo escreve: "Da mesma forma, o Espírito nos ajuda em nossa fraqueza. Não sabemos o que devemos orar, mas o próprio Espírito intercede por nós com gemidos inexprimíveis." Mesmo quando não conseguimos expressar nossas necessidades, o Espírito Santo intercede em nosso favor, traduzindo nossas lágrimas em orações diante de Deus.

Além disso, orar com lágrimas é um ato de fé. Em vez de esconder sua dor ou tentar resolvê-la sozinha, a mulher que ora dessa maneira entrega sua carga ao Senhor, confiando que ele é poderoso para restaurar, curar e transformar. As lágrimas derramadas em oração não são sinais de fraqueza, mas de uma fé profunda que acredita na bondade de Deus mesmo em meio à dor.

Descansando nas promessas de Deus

Descansar nas promessas de Deus é a essência da oração em meio às tempestades. Essas promessas são âncoras para a alma, oferecendo esperança e segurança mesmo quando tudo ao nosso redor parece instável. Como o escritor de Hebreus declara: "Temos esta esperança como âncora da alma, firme e segura" (Hebreus 6:19).

A Bíblia está repleta de promessas que nos sustentam em tempos de dificuldade. Em Mateus 11:28-30, Jesus convida: "Venham a mim, todos os que estão cansados e sobrecarregados, e eu lhes darei descanso. Tomem sobre vocês o meu jugo e aprendam de mim, pois sou manso e humilde de coração, e vocês encontrarão descanso para as suas almas. Pois o meu jugo é suave e o meu fardo é leve." Esse convite nos lembra que o descanso verdadeiro não é encontrado na ausência de problemas, mas na presença de Cristo.

Descansar nas promessas de Deus também requer confiança em seu tempo e em sua maneira de agir. Em Isaías 55:8-9, lemos: "'Pois os meus pensamentos não são os pensamentos de vocês, nem os seus caminhos são os meus caminhos', declara o Senhor. 'Assim como os céus são mais altos do que a terra, também os meus caminhos são mais altos do que os seus caminhos, e os meus pensamentos mais altos do que os seus pensamentos.'" Essa perspectiva nos ajuda a confiar que Deus está trabalhando para o nosso bem, mesmo quando não entendemos seus planos.

A mulher que descansa nas promessas de Deus aprende a enfrentar as tempestades com uma fé inabalável. Ela sabe que, embora as dificuldades possam persistir, elas não têm o poder de separá-la do amor de Deus. Como Paulo escreve em Romanos 8:38-39: “Pois estou convencido de que nem morte nem vida, nem anjos nem demônios, nem o presente nem o futuro, nem quaisquer poderes, nem altura nem profundidade, nem qualquer outra coisa na criação será capaz de nos separar do amor de Deus que está em Cristo Jesus, nosso Senhor.”

CAPÍTULO 7

A mulher e o jejum

O jejum é uma prática espiritual que, quando combinada com a oração, torna-se uma ferramenta poderosa para aproximar-se de Deus, buscar direção, interceder por outros e experimentar transformações espirituais. Para a mulher que busca alinhar sua vida aos propósitos divinos, o jejum é uma forma de aprofundar sua comunhão com o Senhor, deixando de lado distrações e confortos temporais para se concentrar em algo eterno. Mais do que uma abstinência de alimentos, o jejum é uma expressão de dependência total de Deus e uma demonstração de que sua presença é mais vital do que qualquer necessidade física.

Na Bíblia, o jejum aparece como um elemento central em momentos de decisão, arrependimento e clamor por intervenção divina. Desde Moisés, que jejuou quarenta dias ao receber as tábuas da Lei (Êxodo 34:28), até Jesus, que jejuou no deserto antes de iniciar seu ministério público (Mateus 4:2), o jejum é apresentado como uma prática que precede revelações e grandes obras. Ele é um sinal de entrega, uma demonstração de fé e uma preparação para receber o que Deus deseja fazer em nossas vidas.

Para as mulheres, o jejum também é uma forma de intercessão e restauração. Ele permite que o coração se conecte mais profundamente ao coração de Deus, trazendo clareza em meio à confusão, força em tempos de fraqueza e esperança em momentos de desespero. Além disso, o jejum, quando realizado com propósito, é uma declaração de confiança na soberania divina, mesmo quando as respostas parecem tardar. Este capítulo abordará o poder do jejum na restauração espiritual e corporal, como ele alinha o coração ao propósito divino e apresentará testemunhos de respostas obtidas por meio dessa prática.

O JEJUM QUE RESTAURA A ALMA E O CORPO

O jejum é uma prática que beneficia tanto o espírito quanto o corpo. Enquanto a oração fortalece nossa conexão espiritual com Deus, o jejum complementa essa prática ao proporcionar momentos de reflexão, rendição e purificação. Na agitação da vida cotidiana, muitas vezes acumulamos ansiedades, preocupações e até mesmo hábitos que nos afastam de Deus. O jejum, nesse contexto, torna-se um momento de pausa, um intervalo em que a mulher pode restaurar sua alma e buscar alinhamento espiritual.

Espiritualmente, o jejum é uma oportunidade de renovação. Em Isaías 58, Deus descreve o jejum que ele deseja: "Não é este o jejum que escolhi: que você solte as correntes da injustiça e desfaça as cordas do jugo, que ponha em liberdade os oprimidos e rompa todo jugo?" (Isaías 58:6). Esse versículo nos lembra que o jejum não é apenas uma prática religiosa, mas um ato de adoração que reflete um coração comprometido com os valores do Reino de Deus. Quando jejuamos com esse propósito, encontramos uma renovação espiritual que nos capacita a viver de forma mais alinhada à vontade de Deus.

Além do impacto espiritual, o jejum também traz benefícios ao corpo. Embora o objetivo principal não seja físico, a abstinência de alimentos ou de outras práticas pode trazer clareza mental, renovação física e uma maior consciência do que realmente é essencial. No contexto bíblico, o jejum frequentemente antecedia momentos de grande impacto espiritual, como o ministério de Jesus após seu jejum no deserto. Durante esse período, o jejum ajudou Jesus a resistir às tentações e a fortalecer sua dependência do Pai (Mateus 4:1-11).

Para as mulheres, o jejum também pode ser um momento de entregar ansiedades e buscar cura emocional. Em 1 Pedro 5:7, somos convidados a lançar sobre Deus todas as nossas preocupações, pois ele cuida de nós. Durante o jejum, essa entrega se torna mais intencional, permitindo que a mulher deixe para trás cargas emocionais que podem estar afetando sua saúde espiritual e física.

O jejum que restaura a alma e o corpo é aquele que é realizado com sinceridade e propósito. Ele não é uma forma de manipular Deus ou de ganhar méritos espirituais, mas um meio de abrir espaço para que ele opere em nossas vidas. Como Davi declara no Salmo 51:17, "Os sacrifícios que agradam a Deus são um espírito quebrantado; um coração quebrantado e contrito, ó Deus, não desprezarás." Quando jejuamos com esse coração, encontramos a verdadeira restauração que só Deus pode proporcionar.

Alinhando o coração ao propósito divino

O jejum também é um meio de alinhar o coração ao propósito de Deus. Muitas vezes, nossas vidas podem ser marcadas por distrações e pressões externas que nos afastam do centro da vontade divina. O jejum nos ajuda a recalibrar nosso foco, colocando Deus no centro de nossas prioridades e permitindo que sua voz guie nossos passos.

Na Bíblia, vemos exemplos de como o jejum foi usado para buscar direção e discernimento. Em Atos 13:2-3, os líderes da igreja em Antioquia jejuaram e oraram antes de enviar Barnabé e Paulo para sua missão. Esse momento de busca espiritual não apenas confirmou o chamado de Deus, mas também demonstrou a importância de depender dele para tomar decisões significativas. Da mesma forma, o jejum pode ajudar as mulheres a discernir a vontade de Deus em momentos críticos de suas vidas, como mudanças de carreira, decisões familiares ou desafios pessoais.

O jejum também nos ensina a confiar nos planos de Deus, mesmo quando não compreendemos completamente seus caminhos. Em Isaías 55:8-9, Deus declara: "Pois os meus pensamentos não são os pensamentos de vocês, nem os seus caminhos são os meus caminhos. Assim como os céus são mais altos do que a terra, também os meus caminhos são mais altos do que os seus caminhos, e os meus pensamentos mais altos do que os seus pensamentos." Esse reconhecimento de que os caminhos de Deus são superiores aos nossos nos ajuda a descansar em sua soberania, mesmo durante períodos de incerteza.

Além disso, o jejum nos aproxima do coração de Deus ao remover distrações que podem obscurecer nossa visão espiritual. Em um mundo repleto de estímulos constantes, o jejum é um convite para desacelerar e ouvir a voz de Deus. Ele cria espaço para a reflexão, a meditação na Palavra e a oração sincera. Durante esses momentos, o Espírito Santo trabalha em nossos corações, revelando áreas que precisam de transformação e alinhando nossos desejos aos de Deus.

Alinhar o coração ao propósito divino por meio do jejum também significa estar disposto a agir de acordo com o que Deus revela. Ester é um exemplo de alguém que jejuou antes de tomar uma decisão importante. Em Ester 4:16, ela convocou um jejum coletivo antes de se apresentar ao rei para interceder por seu povo. Seu jejum foi um momento de buscar coragem, direção e favor divino, e sua disposição para obedecer resultou na salvação de toda a nação judaica.

TESTEMUNHOS DE RESPOSTAS OBTIDAS PELO JEJUM

Os testemunhos de respostas obtidas por meio do jejum são uma prova do poder transformador dessa prática. Eles nos lembram que Deus é fiel para ouvir e responder quando nos aproximamos dele com um coração sincero e quebrantado. Desde os tempos bíblicos até os dias atuais, histórias de vidas transformadas pelo jejum inspiram mulheres a perseverar em sua caminhada espiritual.

Um dos testemunhos mais notáveis é o de Daniel, que jejuou por 21 dias buscando entendimento e direção de Deus. Durante esse período, ele se absteve de alimentos ricos e dedicou-se à oração. Sua perseverança foi recompensada quando um anjo veio a ele com uma resposta divina, afirmando que suas orações haviam sido ouvidas desde o primeiro dia (Daniel 10:12). Essa história nos ensina que, embora as respostas possam não ser imediatas, Deus está trabalhando nos bastidores enquanto jejuamos e oramos.

Nos tempos modernos, muitas mulheres têm experimentado milagres em suas vidas por meio do jejum. Seja pela cura de uma doença, restauração de relacionamentos ou abertura de portas inesperadas, esses testemunhos demonstram que o jejum, combinado com a oração, é uma ferramenta poderosa para mover o céu em favor da terra. Mais importante, essas histórias reforçam que o jejum não é sobre o que podemos conseguir de Deus, mas sobre como podemos nos alinhar ao seu plano perfeito.

CAPÍTULO 8

Oração como arma espiritual

A oração é uma das armas mais poderosas que Deus disponibilizou aos seus filhos para enfrentar as batalhas espirituais. Mais do que palavras dirigidas ao céu, a oração é uma ferramenta de combate que ativa o poder divino contra as forças do mal. Para a mulher de fé, a oração não é apenas um recurso para momentos de dificuldade, mas uma estratégia constante de proteção, resistência e ataque contra as investidas do inimigo. A oração não apenas fortalece o espírito, mas também nos equipa para lutar com coragem e determinação em um campo de batalha invisível.

A Bíblia é clara ao descrever a realidade de uma guerra espiritual. Em Efésios 6:12, Paulo afirma: "Pois a nossa luta não é contra seres humanos, mas contra os poderes e autoridades, contra os dominadores deste mundo de trevas, contra as forças espirituais do mal nas regiões celestiais." Essa luta exige mais do que habilidades humanas; ela requer armas espirituais, como a oração, que têm o poder de derrubar fortalezas e abrir portas para a ação divina.

Este capítulo explorará como a oração se torna uma arma eficaz para vencer batalhas invisíveis, como a Palavra de Deus serve como fundamento para nossas orações e como a prática da oração fortalece a mulher de Deus contra as setas do inimigo. Cada subtítulo abordará aspectos práticos e espirituais dessa batalha, equipando mulheres a enfrentar os desafios da vida com fé inabalável e confiança no poder de Deus.

Vencendo batalhas invisíveis em oração

As batalhas espirituais são reais, mesmo que sejam invisíveis aos olhos humanos. Elas se manifestam em formas de tentações, opressões, dúvidas e circunstâncias adversas que tentam minar a fé e desviar o foco da mulher cristã. No entanto, Deus nos deu a oração como uma arma para vencer essas batalhas, permitindo-nos acessar o seu poder e autoridade.

A oração de batalha é um ato de fé e resistência. Em 2 Coríntios 10:4-5, Paulo declara: "As armas com as quais lutamos não são humanas; pelo contrário, são poderosas em Deus para destruir fortalezas. Destruímos argumentos e toda pretensão que se levanta contra o conhecimento de Deus, e levamos cativo todo pensamento, para torná-lo obediente a Cristo." Esse texto nos lembra que, por meio da oração, somos capazes de enfrentar e derrubar qualquer fortaleza espiritual que tente nos aprisionar.

Um exemplo bíblico marcante é o de Daniel, que enfrentou uma batalha espiritual ao interceder pelo povo de Israel. Em Daniel 10, lemos que suas orações e jejuns persistentes foram fundamentais para que uma resposta divina chegasse, mesmo após enfrentamentos espirituais no reino celestial. Sua história nos ensina que a oração é uma ferramenta poderosa para lutar contra forças malignas e que a persistência é essencial para a vitória.

Além disso, a oração de batalha nos lembra de nossa posição em Cristo. Como filhos de Deus, temos autoridade espiritual para resistir ao inimigo. Tiago 4:7 nos instrui: "Sujeitem-se a Deus. Resistam ao diabo, e ele fugirá de vocês."

Essa resistência não é baseada em nossa força, mas na autoridade de Cristo em nós, que é ativada por meio da oração.

Para as mulheres, as batalhas espirituais podem se manifestar em diferentes áreas: família, saúde, relacionamentos e ministério. A oração torna-se uma forma de reivindicar a proteção e as promessas de Deus para essas áreas, declarando sua verdade sobre qualquer mentira ou ataque do inimigo. Quando uma mulher ora com fervor, ela se torna uma guerreira espiritual, alinhada com o céu e equipada para enfrentar qualquer adversidade.

A Palavra de Deus como base das orações

A oração é mais eficaz quando fundamentada na Palavra de Deus. A Bíblia não é apenas um manual de vida, mas também uma arma espiritual que fortalece nossas orações e nos dá confiança para lutar contra as forças do mal. Em Efésios 6:17, a Palavra é descrita como "a espada do Espírito", que é usada tanto para defesa quanto para ataque nas batalhas espirituais.

Orar com base na Palavra significa declarar as promessas de Deus e alinhar nossas petições ao seu caráter e à sua vontade. Quando usamos as Escrituras em nossas orações, estamos invocando a autoridade de Deus sobre nossas circunstâncias. Um exemplo poderoso disso é Jesus, que usou as Escrituras para resistir às tentações de Satanás no deserto (Mateus 4:1-11). Sua resposta repetida, "Está escrito", ensina que a Palavra de Deus é uma arma indispensável em momentos de luta.

Além disso, orar a Palavra de Deus aumenta nossa fé. Romanos 10:17 afirma: "Consequentemente, a fé vem por ouvir a mensagem, e a mensagem é ouvida mediante a palavra de Cristo." Quando declaramos as promessas de Deus em oração, nosso coração é fortalecido e nossa confiança nele cresce. Por exemplo, ao orar por proteção, podemos usar Salmos 91:2: "Ele é o meu refúgio e a minha fortaleza, o meu Deus, em quem confio." Essa declaração nos lembra de que Deus é nosso defensor, mesmo em meio às tempestades.

Para as mulheres, orar a Palavra também é uma forma de transmitir a fé para as próximas gerações. Ensinar os filhos a orar usando as Escrituras cria uma base sólida para sua vida espiritual, equipando-os para enfrentar suas próprias batalhas com confiança em Deus. Além disso, orar com base na Palavra nos ajuda a manter o foco em Deus, mesmo quando as circunstâncias parecem sombrias.

Fortalecendo-se contra as setas do inimigo

O inimigo frequentemente usa estratégias como dúvidas, medos e tentações para enfraquecer nossa fé e nos afastar de Deus. No entanto, a oração nos fortalece contra essas setas, criando uma barreira espiritual que nos protege contra os ataques do maligno. Em Efésios 6:16, Paulo descreve a fé como um escudo que pode "apagar todas as setas inflamadas do maligno." Esse escudo é ativado por meio da oração, que nos mantém conectados ao poder de Deus.

A oração fortalece o espírito, preparando-nos para resistir às tentações. Jesus, em Mateus 26:41, exortou seus discípulos: "Vigiem e orem para que não caiam em tentação. O espírito está pronto, mas a carne é fraca." Essa advertência nos lembra que a oração não é apenas um ato devocional, mas uma necessidade espiritual para permanecermos firmes na fé.

Para as mulheres, as setas do inimigo podem se manifestar como inseguranças, desânimos ou pressões externas que tentam desviar o foco de Deus. A oração diária, mesmo em meio às tarefas cotidianas, fortalece a mulher cristã para enfrentar esses desafios com coragem e determinação. Ela aprende a colocar sua confiança no Senhor e a declarar sua verdade sobre as mentiras do inimigo.

Além disso, a oração é uma arma ofensiva que nos permite avançar contra o inimigo. Em Mateus 16:18, Jesus declarou: "...e as portas do Hades não poderão vencê-la." Essa promessa nos lembra que, em Cristo, temos autoridade para vencer o mal e reivindicar as promessas de Deus para nossas vidas. Quando oramos, estamos participando ativamente do avanço do Reino de Deus, derrubando barreiras espirituais e abrindo caminho para sua vontade se cumprir.

CAPÍTULO 9

Oração e gratidão

A oração e a gratidão caminham juntas como expressões de uma fé madura e de um coração que reconhece a bondade de Deus em todas as circunstâncias. A oração não é apenas um momento de pedir ou interceder; é também uma oportunidade de agradecer e exaltar a fidelidade divina. Quando a gratidão é incorporada à oração, ela transforma a perspectiva da mulher de Deus, ajudando-a a focar nas bênçãos recebidas e no caráter imutável do Senhor, mesmo em meio às dificuldades.

A Bíblia está repleta de exemplos que nos ensinam sobre o poder da gratidão. O apóstolo Paulo, em suas epístolas, frequentemente incentiva os cristãos a orarem com ações de graças. Em Filipenses 4:6, ele declara: "Não andem ansiosos por coisa alguma, mas em tudo, pela oração e súplicas, e com ação de graças, apresentem seus pedidos a Deus." Essa exortação revela que a gratidão não é apenas uma resposta à bênção, mas uma prática que molda o coração para receber mais da bondade de Deus.

Este capítulo explorará como a gratidão na oração abre portas celestiais, ajuda-nos a reconhecer as pequenas bênçãos diárias e alinha o coração ao de Deus. Cada subtítulo trará reflexões práticas e teológicas sobre como cultivar um coração agradecido, mesmo nos momentos mais desafiadores, e como a gratidão nos ajuda a caminhar em comunhão com Deus, fortalecendo nossa fé e esperança.

A GRATIDÃO QUE ABRE PORTAS CELESTIAIS

A gratidão tem o poder de abrir portas espirituais que, de outra forma, poderiam permanecer fechadas. Quando a oração é combinada com ações de graças, ela se torna uma oferta agradável a Deus, que move seu coração e libera suas bênçãos sobre aqueles que reconhecem sua bondade. Em Salmos 100:4, lemos: "Entrem por suas portas com ações de graças, e em seus átrios com louvor; deem-lhe graças e bendigam o seu nome." Essa passagem destaca que a gratidão é a chave para entrar na presença de Deus e experimentar sua graça.

Um exemplo bíblico poderoso da gratidão que abre portas celestiais é a história de Jesus alimentando os cinco mil. Antes de multiplicar os pães e os peixes, Jesus deu graças (João 6:11). Esse ato de gratidão não apenas reconheceu o que havia sido provido, mas também liberou o milagre que estava por vir. Da mesma forma, a gratidão em nossas orações não apenas honra o que Deus já fez, mas também cria espaço para que ele opere de forma ainda mais poderosa.

A gratidão também reflete nossa confiança na soberania de Deus. Quando agradecemos, mesmo antes de vermos a resposta às nossas orações, demonstramos que acreditamos no caráter de Deus e em suas promessas. Em 1 Tessalonicenses 5:18, Paulo nos instrui: "Deem graças em todas as circunstâncias, pois esta é a vontade de Deus para vocês em Cristo Jesus." Essa prática de gratidão contínua é uma expressão de fé que nos mantém conectados ao propósito divino, independentemente das circunstâncias.

Além disso, a gratidão protege o coração contra a murmuração e o desânimo. Em vez de focar no que falta, ela nos ajuda a reconhecer o que já foi recebido, transformando nossa perspectiva e fortalecendo nossa fé. Como as Escrituras nos ensinam, Deus habita no meio dos louvores de seu povo (Salmos 22:3). Quando escolhemos ser gratos, criamos um ambiente onde a presença de Deus pode ser manifestada de maneira tangível.

Reconhecendo as pequenas bênçãos diárias

Na correria do dia a dia, é fácil perder de vista as pequenas bênçãos que Deus nos concede constantemente. No entanto, a gratidão nos ensina a valorizar até mesmo os detalhes mais simples da vida, como a saúde, a provisão e os relacionamentos. Em Lamentações 3:22-23, somos lembrados: "Graças ao grande amor do Senhor é que não somos consumidos, pois suas misericórdias são inesgotáveis. Renovam-se cada manhã; grande é a sua fidelidade." Essa renovação diária das misericórdias de Deus é um convite para reconhecermos suas bênçãos em cada aspecto de nossas vidas.

Jesus, em seu ministério, frequentemente demonstrou gratidão pelas coisas simples. Antes de partir o pão na última ceia, ele deu graças (Lucas 22:19). Esse gesto nos ensina que até mesmo nas circunstâncias mais difíceis, como a iminência da crucificação, há espaço para a gratidão. Para a mulher cristã, esse exemplo é um lembrete de que as pequenas bênçãos do dia a dia são sinais do cuidado constante de Deus.

Reconhecer as bênçãos diárias também nos ajuda a desenvolver uma atitude de contentamento. Em Filipenses 4:11-12, Paulo declara: "Aprendi a adaptar-me a toda e qualquer circunstância. Sei o que é passar necessidade e sei o que é ter fartura. Aprendi o segredo de viver contente em toda e qualquer situação." Essa atitude de contentamento não significa conformismo, mas uma confiança profunda na provisão de Deus, que é renovada diariamente.

A prática de reconhecer as pequenas bênçãos também impacta nossa saúde emocional e espiritual. Estudos mostram que a gratidão reduz o estresse, aumenta a alegria e melhora os relacionamentos. Na esfera espiritual, ela nos aproxima de Deus, porque nos ajuda a perceber sua mão em cada detalhe de nossas vidas. Quando oramos com gratidão, estamos declarando que acreditamos no cuidado e na bondade do Senhor, mesmo nas coisas mais simples.

Como a oração alinha o coração ao de Deus

A gratidão na oração tem o poder de alinhar nosso coração ao coração de Deus. Quando agradecemos, nossa perspectiva muda, permitindo-nos enxergar as circunstâncias de nossas vidas sob a ótica divina. Isso é especialmente importante em tempos de dificuldade, quando as emoções podem obscurecer nossa visão espiritual. A oração com gratidão nos ajuda a manter o foco em Deus e em suas promessas, em vez de nos deixarmos dominar pelas dificuldades.

Em Romanos 8:28, Paulo nos assegura: "Sabemos que Deus age em todas as coisas para o bem daqueles que o amam, dos que foram chamados de acordo com o seu propósito." Essa promessa é um lembrete de que, mesmo quando não entendemos os caminhos de Deus, podemos confiar que ele está trabalhando para o nosso bem. A gratidão na oração reflete essa confiança, permitindo-nos descansar em sua soberania e bondade.

A oração também nos ajuda a discernir a vontade de Deus. Em Colossenses 3:15, lemos: "Que a paz de Cristo seja o árbitro em seus corações, visto que vocês foram chamados para viver em paz, como membros de um só corpo. E sejam agradecidos." A gratidão nos ajuda a ouvir a voz de Deus com mais clareza, porque remove distrações e nos leva a um estado de contentamento e paz. Quando estamos gratos, nossos corações estão mais abertos para ouvir o que Deus tem a dizer.

Além disso, a gratidão na oração nos aproxima do caráter de Cristo. Jesus, em seu ministério, sempre demonstrou gratidão, seja ao alimentar multidões ou ao celebrar a comunhão com os discípulos. Seguir seu exemplo nos ajuda a refletir sua natureza em nossas vidas diárias, vivendo de maneira que glorifique a Deus.

CAPÍTULO 10

A mulher que ora e inspira outras mulheres

A oração não é apenas uma prática individual de conexão com Deus, mas também um instrumento de impacto coletivo. Quando uma mulher desenvolve uma vida de oração consistente e fervorosa, ela não apenas transforma sua própria vida, mas também inspira outras mulheres a seguirem o mesmo caminho. A mulher que ora se torna um exemplo vivo de fé e perseverança, mostrando que a comunhão com Deus não é um privilégio reservado a poucos, mas uma prática acessível a todos que desejam buscar sua presença.

Ao longo da história bíblica e da Igreja, mulheres que oraram deixaram um legado de influência espiritual. Desde Ana, que derramou sua alma diante de Deus no templo (1 Samuel 1:10-20), até mulheres contemporâneas que lideram movimentos de oração, a força espiritual de uma mulher de oração tem sido uma fonte de encorajamento para outras. Essa inspiração não se limita a palavras, mas também a ações, como mentorear, ensinar e criar espaços onde outras mulheres possam crescer em sua caminhada de fé.

Neste capítulo, exploraremos como a mulher que ora pode influenciar outras mulheres a se dedicarem à oração e à comunhão com Deus. Discutiremos o impacto de mentorear outras mulheres na fé, o papel da oração como testemunho vivo e como criar grupos de oração e comunhão espiritual que fortaleçam comunidades inteiras. A mulher de oração não apenas vive sua própria jornada de fé, mas também guia outras mulheres a experimentarem a profundidade do relacionamento com Deus.

Mentoreando outras mulheres na caminhada de fé

Mentorear outras mulheres é um ato de obediência ao chamado de Deus para fazer discípulos (Mateus 28:19-20). A mulher que ora e vive uma vida dedicada ao Senhor tem a oportunidade de compartilhar sua trajetória com outras mulheres, ajudando-as a crescer espiritualmente e a desenvolver uma vida de oração significativa. Esse mentoreio não é apenas sobre transmitir conhecimento, mas sobre caminhar ao lado de outra pessoa, compartilhando experiências, desafios e vitórias espirituais.

Um exemplo bíblico de mentoreio é encontrado na relação entre Noemi e Rute. Embora Noemi enfrentasse uma fase de sofrimento e perda, ela se tornou uma guia espiritual para Rute, que escolheu seguir o Deus de Israel (Rute 1:16-18). Essa relação de mentoreio resultou não apenas no fortalecimento espiritual de Rute, mas também na restauração de Noemi, mostrando que o mentoreio é uma via de mão dupla, onde tanto a mentora quanto a mentorada crescem espiritualmente.

Mentorear outras mulheres na oração envolve mais do que ensinar técnicas ou práticas devocionais. Trata-se de compartilhar a autenticidade da vida de oração, incluindo os momentos de dificuldade e os milagres experimentados. Ao abrir seu coração e sua história, a mulher que ora demonstra que a vida de oração não é perfeita, mas é sustentada pela graça e pelo poder de Deus.

Para muitas mulheres, o mentoreio na oração começa com pequenos gestos, como convidar uma amiga para orar juntas ou compartilhar um versículo que tenha impactado sua vida. Com o tempo, esses momentos simples podem se transformar em uma amizade espiritual profunda, onde a oração se torna um alicerce para o crescimento mútuo. Além disso, mentorear outras mulheres também significa capacitá-las a se tornarem mentoras para outras, criando um ciclo de discipulado que fortalece toda a comunidade.

A ORAÇÃO COMO TESTEMUNHO VIVO DE PODER E FÉ

A vida de oração de uma mulher é um testemunho poderoso que pode impactar aqueles ao seu redor. Quando outras mulheres observam a paz, a força e a confiança que emergem de uma vida de comunhão com Deus, elas são inspiradas a buscar o mesmo para si. A oração não é apenas uma prática privada; ela tem um impacto público que reflete a glória de Deus e atrai outras pessoas para ele.

Um exemplo bíblico marcante de oração como testemunho é a história de Ana. Sua perseverança em oração e a resposta milagrosa de Deus ao conceder-lhe um filho se tornaram um exemplo de fé para toda uma nação (1 Samuel 2:1-10). Da mesma forma, mulheres de oração hoje podem inspirar outras com suas histórias de como Deus respondeu suas petições, sustentou suas vidas em momentos de dificuldade ou trouxe direção em tempos de incerteza.

O testemunho da oração também é transmitido por meio da atitude de gratidão e contentamento que uma mulher de fé demonstra. Como Paulo escreve em Filipenses 4:6-7, “Não andem ansiosos por coisa alguma, mas em tudo, pela oração e súplicas, e com ação de graças, apresentem seus pedidos a Deus. E a paz de Deus, que excede todo o entendimento, guardará os seus corações e as suas mentes em Cristo Jesus." Quando uma mulher vive de acordo com essas palavras, ela se torna um exemplo tangível do poder transformador da oração.

Além disso, o testemunho de uma vida de oração cria oportunidades para compartilhar o evangelho. Muitas vezes, mulheres que não têm um relacionamento com Deus são atraídas pela serenidade e pela força que observam naqueles que oram. Esse testemunho silencioso, mas poderoso, pode abrir portas para conversas espirituais e para o compartilhamento da mensagem de salvação.

Criando grupos de oração e comunhão espiritual

Grupos de oração são espaços onde mulheres podem se reunir para compartilhar suas necessidades, interceder umas pelas outras e experimentar a presença de Deus em comunidade. Esses grupos não apenas fortalecem a fé individual, mas também criam uma rede de apoio espiritual que sustenta as participantes em tempos de dificuldade. Para a mulher de oração, criar ou participar de um grupo de oração é uma forma de multiplicar o impacto de sua vida de fé.

Na Bíblia, vemos exemplos de reuniões de oração que trouxeram grandes impactos espirituais. Em Atos 1:14, os discípulos, incluindo mulheres, reuniram-se constantemente em oração antes do Pentecostes. Essa unidade em oração resultou na descida do Espírito Santo e no início da Igreja. Esse exemplo nos ensina que a oração em grupo tem um poder especial para trazer avivamento e transformação.

Para criar um grupo de oração eficaz, é importante estabelecer um ambiente de confiança e acolhimento, onde todas as participantes se sintam à vontade para compartilhar suas necessidades e experiências. Um grupo de oração não precisa ser grande ou formal; ele pode começar com duas ou três mulheres se reunindo regularmente para orar e meditar na Palavra de Deus. Com o tempo, esse grupo pode crescer e se tornar uma fonte de encorajamento e renovação para muitas outras.

Além disso, grupos de oração podem se concentrar em causas específicas, como interceder por famílias, pela igreja ou por questões globais. Essa abordagem direcionada ajuda as participantes a focarem em propósitos claros e a perceberem o impacto de suas orações. Também é importante incluir momentos de louvor e ações de graças, reconhecendo o que Deus já fez e fortalecendo a fé para o que ele ainda fará.

CAPÍTULO 11

O poder da oração nas batalhas da mente

A mente é o campo de batalha onde muitos dos maiores desafios espirituais e emocionais são travados. Pensamentos de medo, dúvida, ansiedade e culpa podem facilmente se transformar em fortalezas que nos aprisionam, impedindo-nos de experimentar a paz e a alegria que Deus deseja para nossas vidas. Para a mulher de oração, a batalha pela mente é vencida ao alinhar seus pensamentos às verdades da Palavra de Deus, utilizando a oração como uma arma para derrubar fortalezas e renovar a mente.

A Bíblia é clara sobre a importância de proteger e transformar nossa mente. Em Romanos 12:2, Paulo nos exorta: "Não se amoldem ao padrão deste mundo, mas transformem-se pela renovação da sua mente, para que sejam capazes de experimentar e comprovar a boa, agradável e perfeita vontade de Deus." Essa renovação não ocorre por meio de esforços humanos, mas através da oração constante e da meditação na Palavra de Deus.

A batalha mental envolve desafios que se intensificam à medida que somos bombardeados por mensagens do mundo ao nosso redor. A pressão para se conformar a padrões externos, as cobranças da sociedade e os conflitos internos frequentemente tornam a mente um lugar de inquietação. No entanto, a oração oferece um caminho de escape, permitindo que entreguemos nossas preocupações a Deus e encontramos descanso em sua soberania. Ao orarmos, somos renovados não apenas em pensamento, mas também em propósito e direção.

A ORAÇÃO QUE RENOVA OS PENSAMENTOS

Renovar os pensamentos é um processo essencial para quem busca viver em alinhamento com a vontade de Deus. Muitas vezes, pensamentos que carregamos ao longo da vida podem se transformar em prisões, impedindo-nos de experimentar liberdade e plenitude espiritual. A oração desempenha um papel fundamental nesse processo de transformação. Em 2 Coríntios 10:4-5, Paulo nos lembra: "As armas com as quais lutamos não são humanas; pelo contrário, são poderosas em Deus para destruir fortalezas. Destruímos argumentos e toda pretensão que se levanta contra o conhecimento de Deus, e levamos cativo todo pensamento, para torná-lo obediente a Cristo."

Quando trazemos nossos pensamentos diante de Deus, reconhecemos as mentiras que, muitas vezes, direcionam nossas emoções e atitudes. Pensamentos como "Eu nunca serei suficiente" ou "Não sou amado por Deus" só podem ser substituídos pela verdade ao entregarmos essas inseguranças a ele. Em Isaías 26:3, lemos: "Tu guardarás em perfeita paz aquele cujo propósito está firme, porque em ti confia." A oração, nesse contexto, fortalece-nos ao preencher nossas mentes com a paz que excede todo entendimento.

Além disso, a oração que renova os pensamentos é um processo ativo de combate espiritual. Pensamentos destrutivos não desaparecem simplesmente; eles precisam ser confrontados com a Palavra de Deus e com uma confiança renovada em suas promessas. Josué, ao liderar o povo de Israel, precisou meditar constantemente nas promessas de Deus para vencer as adversidades (Josué 1:8-9). Hoje, somos chamados a fazer o mesmo em oração, permitindo que Deus transforme nossas mentes para refletirem sua verdade.

Essa transformação também exige persistência. Assim como as muralhas de Jericó não caíram imediatamente, precisamos perseverar em oração, confiando que Deus trará a liberdade em seu tempo. Cada momento de oração é um passo em direção à restauração, permitindo que o Espírito Santo renove nossa mente e nos conduza a uma vida mais plena e alinhada com os propósitos divinos.

Clareza em meio à confusão

Em um mundo tão repleto de distrações e informações contraditórias, encontrar clareza muitas vezes parece uma tarefa inalcançável. A confusão pode se infiltrar em nossos pensamentos, gerando incertezas sobre as decisões a serem tomadas e nosso papel no plano de Deus. No entanto, a oração é a chave que abre o caminho para a clareza espiritual. Em Tiago 1:5, somos incentivados: "Se algum de vocês tem falta de sabedoria, peça-a a Deus, que a todos dá livremente, de boa vontade; e lhe será concedida."

A clareza que vem da oração não é apenas uma compreensão intelectual, mas uma paz espiritual que transcende as circunstâncias. Jesus prometeu essa paz aos seus discípulos em João 14:27: "Deixo-lhes a paz; a minha paz lhes dou. Não a dou como o mundo a dá. Não se perturbem os seus corações, nem tenham medo." Quando buscamos a Deus em oração, ele organiza nossos pensamentos, alinhando-os à sua vontade e trazendo direção clara em meio ao caos.

A confusão também pode ser um resultado de tentarmos carregar sozinhos o peso das decisões. Muitas vezes, queremos respostas imediatas ou soluções perfeitas, esquecendo-nos de que Deus nos chama a descansar em sua soberania. Em Provérbios 3:5-6, somos desafiados a confiar plenamente no Senhor: "Confie no Senhor de todo o seu coração e não se apoie em seu próprio entendimento; reconheça o Senhor em todos os seus caminhos, e ele endireitará as suas veredas." Essa promessa nos lembra de que Deus está no controle, mesmo quando não entendemos suas ações.

Para muitas mulheres, a confusão pode ser exacerbada pelas expectativas sociais ou pela pressão para equilibrar responsabilidades. A oração oferece um espaço onde podemos entregar nossas preocupações a Deus, permitindo que ele ilumine nosso caminho e nos fortaleça para seguir adiante. Em momentos de incerteza, a oração nos ajuda a lembrar que Deus não é um Deus de confusão, mas de paz (1 Coríntios 14:33). Ao colocarmos nossas dúvidas diante dele, encontramos a direção que tanto buscamos.

PROTEGENDO A MENTE CONTRA AS MENTIRAS DO INIMIGO

O inimigo frequentemente usa pensamentos enganosos para nos afastar da verdade de Deus e nos manter presos em uma mentalidade de derrota. A oração é nossa arma mais poderosa contra essas mentiras. Em Efésios 6:17-18, Paulo descreve a espada do Espírito, que é a Palavra de Deus, como uma arma essencial para combater as ciladas do maligno. Por meio da oração, reafirmamos a verdade das Escrituras e fortalecemos nossa mente contra os ataques do inimigo.

Pensamentos de medo, por exemplo, podem ser combatidos com a promessa de 2 Timóteo 1:7: "Pois Deus não nos deu um espírito de covardia, mas de poder, de amor e de equilíbrio." Quando enfrentamos dúvidas sobre nosso valor, podemos nos lembrar de que somos feituras de Deus, criados em Cristo para boas obras (Efésios 2:10). A oração é um momento de declarar essas verdades, rejeitando as mentiras que o inimigo tenta semear em nossas mentes.

A proteção da mente também exige vigilância espiritual. Em 1 Pedro 5:8, somos advertidos: "Estejam atentos e vigiem. O diabo, o inimigo de vocês, anda ao redor como leão, rugindo e procurando a quem possa devorar." A oração nos mantém alertas, permitindo-nos discernir e resistir aos ataques do inimigo com firmeza e coragem.

Finalmente, proteger a mente também significa preenchê-la com aquilo que é bom e edificante. Filipenses 4:8 nos instrui: "Tudo o que for verdadeiro, tudo o que for nobre, tudo o que for correto, tudo o que for puro, tudo o que for amável, tudo o que for de boa fama, se houver algo de excelente ou digno de louvor, pensem nessas coisas." A oração nos ajuda a redirecionar nossos pensamentos para as coisas de Deus, protegendo-nos contra as influências negativas e nos conduzindo a uma vida de plenitude espiritual.

CAPÍTULO 12

A oração e o fortalecimento nas tribulações

A vida cristã não está isenta de tribulações. Pelo contrário, as Escrituras nos asseguram que os desafios são parte integrante da caminhada com Deus. No entanto, em meio às tempestades, a oração surge como um recurso divino para fortalecer o coração e renovar as forças. Em Filipenses 4:6-7, Paulo nos encoraja: "Não andem ansiosos por coisa alguma, mas em tudo, pela oração e súplicas, e com ação de graças, apresentem seus pedidos a Deus. E a paz de Deus, que excede todo o entendimento, guardará os seus corações e as suas mentes em Cristo Jesus." A oração, portanto, não apenas acalma a alma, mas também nos reveste de uma paz que transcende as circunstâncias.

Neste capítulo, exploraremos como a oração se torna uma fonte de fortalecimento durante os tempos de tribulação. Veremos como ela nos conecta ao Deus que é o nosso refúgio e fortaleza, como transforma o desespero em esperança e como nos permite descansar nas promessas de Deus mesmo quando tudo ao nosso redor parece incerto. Por meio de exemplos bíblicos e aplicações práticas, compreenderemos que a oração é mais do que um recurso espiritual; é uma ponte que nos liga ao próprio Deus, que é a nossa fonte inesgotável de força e esperança.

Encontrando forças em meio às tempestades

As tempestades da vida podem nos deixar desorientados e vulneráveis, mas é nesses momentos que a oração se revela como um alicerce firme e seguro. O salmista declara em Salmos 46:1: "Deus é o nosso refúgio e a nossa fortaleza, auxílio sempre presente na adversidade." Essa verdade é um lembrete de que, mesmo quando enfrentamos as mais duras provações, Deus está conosco e deseja nos fortalecer através da comunhão em oração.

A oração não apenas nos proporciona consolo, mas também renova nossa confiança no cuidado soberano de Deus. Em Isaías 40:29-31, somos encorajados: "Ele dá forças ao cansado e aumenta o vigor daquele que está sem forças. Até os jovens se cansam e ficam exaustos, e os moços tropeçam e caem; mas aqueles que esperam no Senhor renovam as suas forças. Voam alto como águias; correm e não ficam exaustos, andam e não se cansam." Quando colocamos nossas fraquezas diante de Deus em oração, somos fortalecidos por sua graça e capacitados a enfrentar cada dia com coragem.

Além disso, a oração nos ajuda a lembrar que as tribulações têm um propósito. Em Romanos 5:3-5, Paulo nos ensina: "Não apenas isso, mas também nos gloriamos nas tribulações, porque sabemos que a tribulação produz perseverança; a perseverança, um caráter aprovado; e o caráter aprovado, esperança. E a esperança não nos decepciona, porque Deus derramou o seu amor em nossos corações por meio do Espírito Santo que ele nos concedeu." A oração nos permite enxergar além da dor presente e confiar que Deus está moldando nosso caráter para o bem maior.

Outra lição que aprendemos através da oração nas tribulações é a importância de derramar nossos corações diante de Deus. Assim como Ana, em 1 Samuel 1:10, chorou amargamente e apresentou sua aflição ao Senhor, somos convidados a fazer o mesmo. A oração sincera e vulnerável nos aproxima de Deus e nos permite experimentar seu consolo e paz em meio às lutas.

Portanto, em meio às tempestades da vida, a oração é o que nos sustenta. Ela nos ajuda a lembrar que Deus está presente, que suas promessas são verdadeiras e que suas mãos estão sempre prontas para nos sustentar. Quando colocamos nossas cargas diante dele, encontramos a força que precisamos para enfrentar as provações com esperança renovada e coração confiante.

Transformando o desespero em esperança

O desespero é uma emoção que muitas vezes surge nas circunstâncias mais desafiadoras da vida. Quando enfrentamos perdas, decepções ou situações aparentemente impossíveis, podemos nos sentir sem saída. Contudo, a oração tem o poder de transformar o desespero em esperança, conectando-nos à fonte de toda esperança: Deus. Em Lamentações 3:21-23, o profeta Jeremias declara: "Todavia, lembro-me também do que pode me dar esperança: Graças ao grande amor do Senhor é que não somos consumidos, pois as suas misericórdias são inesgotáveis. Renovam-se cada manhã; grande é a tua fidelidade!"

A oração nos ajuda a lembrar que, mesmo nas situações mais sombrias, Deus é fiel e suas misericórdias se renovam todos os dias. Quando nos aproximamos dele em oração, somos capazes de enxergar além das circunstâncias imediatas e confiar que ele tem um plano perfeito, mesmo que não possamos compreendê-lo completamente.

Um exemplo poderoso de oração que transforma o desespero em esperança é encontrado na vida de Davi. Em Salmos 42:11, ele clama: "Por que você está assim tão triste, ó minha alma? Por que está assim tão perturbada dentro de mim? Ponha a sua esperança em Deus! Pois ainda o louvarei; ele é o meu Salvador e o meu Deus." Esse versículo reflete a luta interna de Davi e sua decisão consciente de colocar sua esperança em Deus, mesmo em meio às adversidades.

A oração também nos lembra de que Deus é um Deus de milagres. Em momentos de desespero, é fácil perder de vista a possibilidade de que Deus possa intervir. No entanto, em 2 Reis 4:1-7, vemos a história de uma viúva que, ao apresentar sua necessidade ao profeta Eliseu, experimentou uma provisão milagrosa através da multiplicação do azeite. Essa história nos encoraja a levar nossas necessidades a Deus em oração, crendo que ele é capaz de fazer infinitamente mais do que pedimos ou imaginamos (Efésios 3:20).

Além disso, a oração nos permite experimentar uma troca divina: entregamos nosso desespero e recebemos a esperança que vem de Deus. Em Mateus 11:28-30, Jesus convida: "Venham a mim, todos os que estão cansados e sobrecarregados, e eu lhes darei descanso. Tomem sobre vocês o meu jugo e aprendam de mim, pois sou manso e humilde de coração, e vocês encontrarão descanso para as suas almas. Pois o meu jugo é suave e o meu fardo é leve." Quando atendemos a esse convite em oração, encontramos descanso e uma esperança renovada que nos capacita a seguir em frente.

Descansando nas promessas de Deus

As promessas de Deus são um alicerce sólido em tempos de tribulação. Quando tudo ao nosso redor parece incerto, podemos descansar na certeza de que Deus é fiel e cumpridor de suas promessas. Em Josué 21:45, lemos: "De todas as boas promessas do Senhor à casa de Israel, nenhuma delas falhou; todas se cumpriram." Essa garantia nos encoraja a buscar a Deus em oração e a nos firmar em sua Palavra.

A oração nos ajuda a lembrar e declarar as promessas de Deus sobre nossas vidas. Em momentos de fraqueza, podemos clamar como o salmista em Salmos 119:50: "Este é o meu consolo no meu sofrimento: A tua promessa dá-me vida." Declarar as promessas de Deus em oração fortalece nossa fé e nos permite descansar em sua soberania, sabendo que ele é fiel para cumprir tudo o que prometeu.

Um exemplo bíblico significativo é a história de Abraão, que esperou pacientemente pelo cumprimento da promessa de Deus de lhe dar um filho. Em Hebreus 6:13-15, lemos: "Quando Deus fez a sua promessa a Abraão, jurou por si mesmo, dizendo: 'Esteja certo de que o abençoarei e farei numerosos os seus descendentes.' E foi assim que, depois de esperar pacientemente, Abraão alcançou a promessa." Essa história nos ensina que Deus é fiel, mesmo quando o cumprimento das promessas parece demorado.

Além disso, descansar nas promessas de Deus não significa passividade, mas confiança ativa. Em Filipenses 4:19, Paulo declara: "O meu Deus suprirá todas as necessidades de vocês, de acordo com as riquezas da sua glória em Cristo Jesus." Quando nos apoiamos nessa promessa em oração, encontramos coragem para perseverar, sabendo que Deus suprirá todas as nossas necessidades no momento certo.

A oração nos permite descansar nas promessas de Deus porque nos conecta à sua presença. Em Salmos 91:1-2, lemos: "Aquele que habita no abrigo do Altíssimo e descansa à sombra do Todo-poderoso pode dizer ao Senhor: 'Tu és o meu refúgio e a minha fortaleza, o meu Deus, em quem confio.'" Quando buscamos a Deus em oração, encontramos um lugar de refúgio onde podemos descansar, independentemente das circunstâncias.

Portanto, descansar nas promessas de Deus através da oração é uma demonstração de fé e confiança. É uma declaração de que, mesmo em meio às tribulações, escolhemos confiar na fidelidade de Deus e descansar em sua soberania. Essa confiança nos capacita a enfrentar cada dia com coragem e esperança renovada.

CAPÍTULO 13

A oração como instrumento de sabedoria

A sabedoria é uma qualidade desejada por todos, mas alcançada por poucos. No entanto, para aqueles que buscam a Deus em oração, a sabedoria não é apenas um ideal distante, mas uma realidade possível. Em Tiago 1:5, somos incentivados: "Se algum de vocês tem falta de sabedoria, peça-a a Deus, que a todos dá livremente, de boa vontade; e lhe será concedida." Este versículo reflete a promessa de um Deus generoso, que não apenas ouve nossas orações, mas está disposto a conceder o que precisamos para viver de maneira justa e piedosa.

A oração é o caminho pelo qual nos conectamos à fonte da verdadeira sabedoria: Deus. Mais do que conhecimento intelectual, a sabedoria divina nos capacita a discernir entre o certo e o errado, a tomar decisões alinhadas à vontade de Deus e a viver com integridade em um mundo repleto de distrações e pressões. Neste capítulo, exploraremos como a oração nos guia em busca de sabedoria, como ela molda nossas escolhas e como podemos aplicá-la para influenciar positivamente nossas vidas e as vidas ao nosso redor.

Buscando sabedoria pela oração

A busca pela sabedoria começa com um coração humilde e disposto a reconhecer que não possuímos todas as respostas. Em Provérbios 2:6, lemos: "Pois o Senhor é quem dá sabedoria; de sua boca procedem o conhecimento e o discernimento." Este versículo enfatiza que a sabedoria não é fruto de esforços humanos, mas um dom concedido por Deus àqueles que a buscam em oração.

Quando oramos por sabedoria, reconhecemos nossa dependência de Deus e nos abrimos para receber sua direção. Salomão é um exemplo notável dessa atitude. Em 1 Reis 3:9, ele ora: "Dá, pois, ao teu servo um coração cheio de discernimento para governar o teu povo e para distinguir entre o certo e o errado. Pois quem é capaz de governar este teu grande povo?" Deus respondeu à oração de Salomão concedendo-lhe sabedoria e entendimento extraordinários.

A busca pela sabedoria através da oração também envolve a leitura e meditação na Palavra de Deus. Em Salmos 119:105, lemos: "A tua palavra é lâmpada que ilumina os meus passos e luz que clareia o meu caminho." Por meio da oração, pedimos a Deus que revele sua verdade e nos capacite a aplicá-la às situações práticas do dia a dia.

Um aspecto crucial de buscar sabedoria pela oração é a paciência. Muitas vezes, queremos respostas imediatas, mas Deus nos chama a esperar em sua soberania. Em Salmos 27:14, somos encorajados: "Espere no Senhor. Seja forte! Coragem! Espere no Senhor." Esse tempo de espera nos ensina a confiar em Deus e a depender dele, em vez de tomarmos decisões precipitadas com base em nossa própria compreensão.

A busca pela sabedoria também requer um coração disposto a obedecer. Deus concede sabedoria não apenas para nosso benefício pessoal, mas para que possamos viver de acordo com sua vontade. Quando oramos pedindo sabedoria, precisamos estar dispostos a agir conforme as respostas que recebemos, mesmo que elas desafiem nossos desejos ou expectativas.

Portanto, buscar sabedoria pela oração é um ato de humildade, fé e entrega. Quando nos aproximamos de Deus em oração, reconhecemos que ele é a fonte de toda sabedoria e nos colocamos em uma posição de dependência e obediência. Essa busca nos transforma e nos capacita a viver de maneira alinhada à vontade divina, refletindo sua sabedoria em todas as áreas de nossas vidas.

Decisões moldadas pela sabedoria divina

Tomar decisões é uma parte inevitável da vida, mas nem todas as escolhas que fazemos estão alinhadas à vontade de Deus. Quando buscamos a sabedoria divina em oração, permitimos que ele molde nossas decisões e nos guie pelo caminho certo. Em Provérbios 3:5-6, somos instruídos: "Confie no Senhor de todo o seu coração e não se apoie em seu próprio entendimento; reconheça o Senhor em todos os seus caminhos, e ele endireitará as suas veredas."

A oração nos ajuda a discernir entre as muitas vozes que competem por nossa atenção. Em um mundo cheio de opiniões e conselhos, é fácil se perder em meio às dúvidas. No entanto, quando buscamos a Deus em oração, aprendemos a reconhecer sua voz e a confiar em sua direção. Jesus, em João 10:27, afirma: "As minhas ovelhas ouvem a minha voz; eu as conheço, e elas me seguem."

As decisões moldadas pela sabedoria divina não apenas trazem paz ao nosso coração, mas também glorificam a Deus. Quando colocamos nossas escolhas diante dele em oração, estamos declarando nossa dependência de sua vontade e buscando viver de maneira que o agrade. Em Colossenses 3:17, Paulo nos instrui: "Tudo o que fizerem, seja em palavra ou em ação, façam-no em nome do Senhor Jesus, dando por meio dele graças a Deus Pai."

A sabedoria divina também nos protege de escolhas precipitadas ou enganosas. Em Josué 9, vemos o exemplo dos gibeonitas, que enganaram o povo de Israel ao fingirem ser de uma terra distante. Josué e os líderes de Israel tomaram uma decisão sem consultar a Deus, resultando em uma aliança com consequências duradouras. Esse relato nos ensina a importância de buscar a direção divina em todas as nossas decisões, independentemente de quão claras ou lógicas elas possam parecer.

Além disso, a oração nos ajuda a manter a perspectiva correta ao tomar decisões. Em vez de nos concentrarmos apenas em nossos próprios desejos ou benefícios imediatos, a sabedoria divina nos leva a considerar as consequências a longo prazo e o impacto de nossas escolhas sobre os outros. Em Filipenses 2:3-4, somos encorajados: "Nada façam por ambição egoísta ou por vaidade, mas, humildemente, considerem os outros superiores a vocês mesmos. Cada um cuide, não somente dos seus interesses, mas também dos interesses dos outros."

Portanto, permitir que nossas decisões sejam moldadas pela sabedoria divina é um ato de rendição e confiança. Quando buscamos a Deus em oração, pedindo sua direção, não apenas evitamos erros, mas também experimentamos a alegria de caminhar no centro de sua vontade.

Influenciando outros com a sabedoria de Deus

A sabedoria que recebemos de Deus não é apenas para nosso benefício pessoal, mas também para impactar positivamente as pessoas ao nosso redor. Em Mateus 5:16, Jesus nos instrui: "Assim brilhe a luz de vocês diante dos homens, para que vejam as suas boas obras e glorifiquem ao Pai de vocês, que está nos céus." Quando vivemos com sabedoria divina, tornamo-nos um testemunho vivo do poder transformador de Deus.

Uma maneira de influenciar outros com a sabedoria de Deus é por meio do exemplo. Em 1 Timóteo 4:12, Paulo encoraja Timóteo: "Ninguém o despreze por você ser jovem, mas seja um exemplo para os fiéis na palavra, no procedimento, no amor, na fé e na pureza." Quando vivemos de maneira que reflete a sabedoria de Deus, inspiramos outros a buscar a mesma fonte de orientação e verdade.

Além disso, a sabedoria divina nos capacita a oferecer conselhos e orientação que edificam e encorajam. Em Provérbios 15:23, lemos: "Dar resposta apropriada é motivo de alegria; e como é bom um conselho na hora certa!" Quando buscamos a direção de Deus em oração, ele nos capacita a falar palavras que trazem vida e direção para aqueles que nos procuram em momentos de necessidade.

Outra maneira de influenciar outros com a sabedoria de Deus é através da oração intercessória. Quando oramos por aqueles ao nosso redor, pedindo que Deus os guie e lhes conceda sabedoria, participamos de suas obras redentoras em suas vidas. Em Colossenses 1:9, Paulo escreve: "Por essa razão, desde o dia em que o ouvimos, não deixamos de orar por vocês. Pedimos que sejam cheios do pleno conhecimento da vontade de Deus, com toda a sabedoria e entendimento espiritual."

Por fim, a sabedoria divina nos ajuda a promover a paz em nossos relacionamentos e comunidades. Em Tiago 3:17-18, lemos: "Mas a sabedoria que vem do alto é, antes de tudo, pura; depois, pacífica, amável, compreensiva, cheia de misericórdia e de bons frutos, imparcial e sincera. O fruto da justiça semeia-se em paz para os pacificadores." Quando agimos com sabedoria, contribuímos para a construção de relacionamentos saudáveis e harmoniosos.

Assim, ao influenciar outros com a sabedoria de Deus, tornamo-nos instrumentos de sua graça e bondade. Por meio do exemplo, do conselho e da oração, podemos impactar positivamente aqueles ao nosso redor, guiando-os a uma relação mais profunda com Deus e a uma vida marcada por sua sabedoria.

CAPÍTULO 14

A oração como expressão de gratidão

A gratidão é uma expressão poderosa de fé e reconhecimento da bondade de Deus. Quando oramos em gratidão, nosso coração se volta para as bênçãos que temos recebido e para o caráter fiel de Deus, mesmo em meio aos desafios da vida. Em 1 Tessalonicenses 5:18, Paulo nos exorta: "Deem graças em todas as circunstâncias, pois esta é a vontade de Deus para vocês em Cristo Jesus." Essa exortação nos lembra que a gratidão não é dependente das circunstâncias externas, mas é uma resposta ao amor imutável de Deus.

A oração de gratidão tem o poder de transformar nosso coração, mudar nossa perspectiva e aprofundar nossa relação com Deus. Neste capítulo, exploraremos como a gratidão molda nossas orações, como ela nos ajuda a reconhecer as mãos de Deus em cada aspecto de nossas vidas e como podemos cultivar um espírito de gratidão, independentemente das circunstâncias. Através de exemplos bíblicos e práticas espirituais, veremos que a gratidão é uma chave para experimentar a plenitude e a paz que Deus nos oferece.

O PODER TRANSFORMADOR DA GRATIDÃO NA ORAÇÃO

A gratidão é mais do que um sentimento; é uma disciplina espiritual que transforma nossa maneira de enxergar o mundo e a nós mesmos. Quando nos aproximamos de Deus em oração com um coração grato, nossa perspectiva muda. Em Filipenses 4:6-7, Paulo nos encoraja: "Não andem ansiosos por coisa alguma, mas em tudo, pela oração e súplicas, e com ação de graças, apresentem seus pedidos a Deus. E a paz de Deus, que excede todo o entendimento, guardará os seus corações e as suas mentes em Cristo Jesus."

A oração acompanhada de gratidão nos conecta à paz de Deus. Em vez de focarmos nas nossas faltas ou preocupações, aprendemos a valorizar o que temos e a confiar que Deus está no controle. Essa prática nos ajuda a cultivar um coração contente, como o de Paulo, que escreveu: "Aprendi o segredo de viver contente em toda e qualquer situação" (Filipenses 4:12).

O poder transformador da gratidão também é evidente nos Salmos, onde Davi frequentemente expressa louvor e gratidão, mesmo em meio a dificuldades. Em Salmos 103:1-2, ele declara: "Bendiga o Senhor a minha alma! Bendiga o Senhor todo o meu ser! Bendiga o Senhor a minha alma, e não esqueça nenhuma de suas bênçãos." Essa atitude nos ensina a focar nas mãos de Deus que operam em cada área de nossas vidas, grandes ou pequenas.

Quando oramos com gratidão, também permitimos que Deus transforme nosso coração endurecido. A gratidão nos ajuda a liberar ressentimentos, desânimo e autopiedade, substituindo-os por paz e alegria. Em Colossenses 3:15-17, Paulo nos exorta: "Seja a paz de Cristo o juiz em seus corações, visto que vocês foram chamados a viver em paz como membros de um só corpo. E sejam agradecidos.

Habite ricamente em vocês a palavra de Cristo; ensinem e aconselhem-se uns aos outros com toda a sabedoria e cantem salmos, hinos e cânticos espirituais com gratidão a Deus em seus corações. E tudo o que fizerem, seja em palavra ou em ação, façam-no em nome do Senhor Jesus, dando por meio dele graças a Deus Pai."

Essa transformação não ocorre instantaneamente, mas é cultivada com prática e consistência. Ao fazermos da gratidão uma parte essencial de nossas orações diárias, descobrimos que nossa relação com Deus se aprofunda, nossa fé se fortalece e nossas vidas refletem mais claramente o amor e a paz que só ele pode oferecer.

Reconhecendo as bênçãos diárias

Em meio à correria do dia a dia, é fácil perder de vista as bênçãos que Deus derrama constantemente sobre nossas vidas. No entanto, a oração de gratidão nos ajuda a pausar e reconhecer essas manifestações de sua bondade. Em Lamentações 3:22-23, somos lembrados: "Graças ao grande amor do Senhor é que não somos consumidos, pois as suas misericórdias são inesgotáveis. Renovam-se cada manhã; grande é a tua fidelidade!"

Ao orarmos com gratidão, somos levados a enxergar a presença de Deus nas pequenas coisas: o ar que respiramos, o sol que nasce todas as manhãs, o alimento em nossa mesa e as relações que trazem alegria e apoio. Essas bênçãos diárias, muitas vezes ignoradas, tornam-se evidências do cuidado constante de Deus.

Um exemplo bíblico que ilustra essa prática é encontrado na vida de Jesus. Antes de multiplicar os pães e os peixes para alimentar milhares, ele deu graças (Mateus 14:19). Esse ato de gratidão reconheceu a provisão de Deus, mesmo quando o recurso parecia insuficiente. Da mesma forma, quando oramos com gratidão, declaramos nossa confiança na provisão divina e aprendemos a valorizar o que temos, por menor que pareça ser.

A gratidão também nos ajuda a enfrentar os desafios com uma perspectiva renovada. Em Romanos 8:28, Paulo escreve: "Sabemos que Deus age em todas as coisas para o bem daqueles que o amam, dos que foram chamados de acordo com o seu propósito." Quando reconhecemos que até mesmo as dificuldades podem ser usadas por Deus para nos moldar e abençoar, nossa oração de gratidão se torna um testemunho de fé em sua soberania.

Além disso, reconhecer as bênçãos diárias nos ajuda a cultivar um coração contente. Em 1 Timóteo 6:6-8, Paulo nos lembra: "De fato, a piedade com contentamento é grande fonte de lucro, pois nada trouxemos para este mundo e dele nada podemos levar; por isso, tendo o que comer e com que vestir-nos, estejamos com isso satisfeitos." Essa atitude de contentamento reflete uma gratidão que transcende as circunstâncias externas e se baseia na confiança em Deus.

Por fim, ao reconhecer as bênçãos diárias em oração, fortalecemos nossa relação com Deus. Quando expressamos nossa gratidão, aproximamo-nos mais dele, reconhecendo sua mão em cada detalhe de nossas vidas. Essa comunhão nos enche de esperança e nos capacita a viver com alegria e propósito, mesmo em meio às adversidades.

Cultivando um espírito de gratidão

Cultivar um espírito de gratidão é um processo que requer intencionalidade e prática. Em Colossenses 4:2, Paulo nos instrui: "Dediquem-se à oração, estejam alerta e sejam agradecidos." Essa dedicação à gratidão em oração nos ajuda a construir um hábito que transforma nossa vida espiritual e emocional.

Um dos primeiros passos para cultivar a gratidão é manter um coração humilde. Quando reconhecemos que tudo o que temos vem de Deus, nossa oração de gratidão flui naturalmente. Em Tiago 1:17, somos lembrados: "Toda boa dádiva e todo dom perfeito vem do alto, descendo do Pai das luzes, que não muda como sombras inconstantes."

Outra prática é expressar gratidão ativamente. Isso pode incluir manter um diário de oração, onde registramos motivos de gratidão diariamente, ou simplesmente dedicar um tempo específico em nossas orações para agradecer a Deus antes de apresentar nossos pedidos. Essas práticas nos ajudam a concentrar nossa atenção no que Deus tem feito, em vez de apenas no que ainda esperamos receber.

Cultivar um espírito de gratidão também envolve aprender a agradecer em todas as circunstâncias, como Paulo nos ensina em 1 Tessalonicenses 5:18. Isso não significa negar a dor ou os desafios, mas sim confiar que Deus está presente e trabalhando em cada situação para o nosso bem. Em Habacuque 3:17-18, o profeta declara: "Mesmo não florescendo a figueira, nem havendo uvas nas videiras; mesmo falhando a safra de azeitonas, nem havendo produção de alimentos nas lavouras, nem ovelhas no curral, nem bois nos estábulos, ainda assim eu exultarei no Senhor e me alegrarei no Deus da minha salvação."

Por fim, um espírito de gratidão nos leva a compartilhar com os outros as bênçãos que recebemos. Em 2 Coríntios 9:11, Paulo escreve: "Vocês serão enriquecidos de todas as formas, para que possam ser generosos em qualquer ocasião, e, por nosso intermédio, a sua generosidade resulte em ações de graças a Deus." Quando compartilhamos nossas bênçãos, incentivamos outros a reconhecerem e agradecerem a Deus por sua fidelidade.

Assim, ao cultivar um espírito de gratidão em nossas orações e em nossas vidas diárias, experimentamos uma transformação que nos aproxima de Deus, fortalece-nos espiritualmente e nos capacita a viver com alegria e esperança. A gratidão é uma chave poderosa para uma vida de plenitude em Cristo.

CAPÍTULO 15

A oração e a intercessão pelos outros

Interceder é um ato de amor que transcende as barreiras do egoísmo e se volta para as necessidades alheias. A oração intercessória é uma expressão de compaixão, onde colocamos diante de Deus as dores, desafios e esperanças de outros. Em Ezequiel 22:30, Deus declara: "Procurei um homem entre eles que erguesse o muro e se pusesse na brecha diante de mim em favor desta terra, para que eu não a destruísse, mas não encontrei nenhum." A intercessão é um chamado divino, uma oportunidade de sermos participantes ativos no plano redentor de Deus. Neste capítulo, exploraremos o papel da intercessão na vida cristã, como ela nos aproxima do coração de Deus e como podemos cultivá-la em nossas orações diárias. Veremos exemplos bíblicos de intercessores que impactaram gerações e aprenderemos práticas para fortalecer nossa vida de oração intercessória, permitindo que nossas palavras alcancem corações, transformações e milagres.

O PAPEL DA INTERCESSÃO NA VIDA CRISTÃ

A intercessão é mais do que uma prática; é uma missão dada por Deus a seus filhos. Quando intercedemos, colocamo-nos na brecha entre Deus e as necessidades humanas, clamando por intervenção divina em favor de outros. Em 1 Timóteo 2:1-2, Paulo escreve: "Antes de tudo, recomendo que se façam súmulas, orações, intercessões e ações de graças em favor de todos os homens; pelos reis e por todos os que exercem autoridade, para que tenhamos uma vida tranquila e pacífica, com toda a piedade e dignidade." A oração intercessória é um ato de fé que reflete o próprio ministério de Jesus. Em Hebreus 7:25, somos lembrados: "Portanto, ele é capaz de salvar definitivamente aqueles que, por meio dele, aproximam-se de Deus, pois vive sempre para interceder por eles." Assim como Cristo intercede por nós, somos chamados a interceder pelos outros, seguindo seu exemplo de amor e entrega. A intercessão também nos aproxima do coração de Deus, permitindo-nos compartilhar de suas preocupações e propósitos. Em Êxodo 32:11-14, vemos Moisés intercedendo pelo povo de Israel após sua idolatria com o bezerro de ouro. Ele clama a Deus por misericórdia e sua intercessão resulta em uma mudança na situação. Esse exemplo nos ensina que, através da oração intercessória, podemos ser instrumentos para trazer graça e restauração ao mundo. Além disso, a intercessão é uma maneira de exercer nosso papel como corpo de Cristo. Em Romanos 12:15, somos exortados: "Alegrem-se com os que se alegram; chorem com os que choram." Quando intercedemos, carregamos os fardos uns dos outros, demonstrando solidariedade espiritual e promovendo unidade no corpo de Cristo. Portanto, a intercessão é essencial na vida cristã, não apenas como um meio de buscar a ajuda de Deus, mas como uma expressão de nosso amor pelo próximo e de nosso compromisso com o plano divino.

Exemplos bíblicos de intercessão poderosa

As Escrituras estão repletas de exemplos de homens e mulheres que mudaram realidades através da intercessão. Esses personagens nos inspiram a perseverar em oração e nos lembram que Deus ouve e responde aos clamores sinceros de seu povo. Um dos exemplos mais notáveis é o de Abraão, que intercedeu por Sodoma e Gomorra em Gênesis 18:22-33. Abraão dialoga com Deus, pedindo misericórdia pelas cidades caso houvesse justos entre seus habitantes. Sua ousadia e perseverança em interceder revelam um coração alinhado ao desejo de Deus de salvar e redimir. Outro exemplo significativo é o de Ana, que em 1 Samuel 1:10-20, ora fervorosamente ao Senhor por um filho. Sua intercessão é tão intensa que o sacerdote Eli pensa que ela está embriagada. No entanto, Deus ouve seu clamor e concede-lhe Samuel, que se torna um grande profeta em Israel. A história de Ana nos ensina que a intercessão é um ato de fé que pode trazer transformações profundas. Neemias também é um exemplo poderoso de intercessão. Ao saber da situação de Jerusalém, ele jejua, ora e clama ao Senhor pelo povo (Neemias 1:4-11). Sua oração não apenas reflete arrependimento e pedido de perdão, mas também revela seu desejo de ser um instrumento para a restauração. Deus responde, abrindo portas para que Neemias liderasse a reconstrução dos muros da cidade. No Novo Testamento, vemos Paulo como um intercessor incansável. Em suas epístolas, ele frequentemente menciona suas orações pelos crentes. Em Colossenses 1:9-12, ele escreve: "Desde o dia em que o ouvimos, não deixamos de orar por vocês. Pedimos que sejam cheios do pleno conhecimento da vontade de Deus, com toda a sabedoria e entendimento espiritual." O exemplo de Paulo nos desafia a interceder continuamente por outros, buscando seu crescimento espiritual e bem-estar. Esses exemplos bíblicos nos inspiram a sermos intercessores fiéis, confiando que Deus ouve nossas orações e responde segundo sua perfeita vontade. Eles nos mostram que, através da intercessão, podemos impactar vidas, comunidades e nações.

Práticas para fortalecer a intercessão

A intercessão poderosa não acontece por acaso; ela é cultivada através de práticas espirituais consistentes que nos aproximam de Deus e nos capacitam a orar com fé e autoridade. Estabeleça um tempo regular de oração. Assim como qualquer relação, nossa comunhão com Deus requer tempo e dedicação. Escolha um horário específico para orar, garantindo que a intercessão seja parte integrante de sua rotina. Ore com a Palavra de Deus. Usar as Escrituras em suas orações fortalece sua fé e garante que suas petições estejam alinhadas à vontade de Deus. Por exemplo, ao orar por sabedoria, declare Tiago 1:5: "Se algum de vocês tem falta de sabedoria, peça-a a Deus, que a todos dá livremente, de boa vontade; e lhe será concedida." Pratique o jejum. O jejum combinado com a oração potencializa a intercessão. Em Esdras 8:23, vemos o povo de Deus jejuando e orando em busca de proteção, e Deus responde ao seu clamor. Seja persistente. Jesus nos ensina a perseverar em oração através da parábola do juiz iníquo (Lucas 18:1-8). Não desista, mesmo quando as respostas demorarem. Deus trabalha em seu tempo perfeito. Ore em comunidade. A oração coletiva tem um poder especial. Em Mateus 18:19-20, Jesus diz: "Se dois de vocês concordarem na terra em qualquer coisa que pedirem, isso lhes será feito por meu Pai que está nos céus. Pois onde se reunirem dois ou três em meu nome, ali eu estou no meio deles." Mantenha um registro de orações. Escrever suas orações e registrar as respostas de Deus ajuda a fortalecer sua fé e a lembrar da fidelidade divina. Ao aplicar essas práticas em sua vida, você descobrirá que a intercessão não apenas impacta aqueles por quem você ora, mas também transforma seu coração e aprofunda sua relação com Deus. A oração intercessória é uma arma espiritual poderosa que nos capacita a trazer a esperança e o amor de Deus ao mundo.

CAPÍTULO 16

A oração e a busca por direção divina

A busca por direção divina é um aspecto essencial da vida cristã, pois revela nossa dependência de Deus em todas as decisões que tomamos. A oração, como meio de comunhão com o Pai, é a ferramenta pela qual nos colocamos diante dele para pedir orientação, discernimento e clareza. Em Provérbios 3:5-6, somos ensinados: "Confie no Senhor de todo o seu coração e não se apoie em seu próprio entendimento; reconheça o Senhor em todos os seus caminhos, e ele endireitará as suas veredas." Esse convite à confiança total nos desafia a abrir mão de nosso controle e a buscar a vontade de Deus em cada área de nossas vidas.

Neste capítulo, exploraremos como a oração pode nos guiar em momentos de indecisão, como ela nos ajuda a discernir a vontade de Deus e como cultivar uma vida de oração que nos mantenha alinhados ao seu propósito. Veremos exemplos bíblicos de pessoas que buscaram direção divina através da oração e aprenderemos práticas que nos permitirão confiar cada vez mais em Deus para nos guiar por caminhos retos e seguros.

A ORAÇÃO EM MOMENTOS DE INDECISÃO

Momentos de indecisão são inevitáveis em nossa caminhada, pois enfrentamos escolhas que afetam não apenas nosso presente, mas também nosso futuro. Em tais momentos, a oração se torna um porto seguro, um espaço onde podemos entregar nossas dúvidas a Deus e confiar que ele iluminará nosso caminho. Em Tiago 1:5, somos encorajados: "Se algum de vocês tem falta de sabedoria, peça-a a Deus, que a todos dá livremente, de boa vontade; e lhe será concedida." Essa promessa nos lembra que Deus está disposto a nos conceder sabedoria quando nos aproximamos dele com um coração humilde e confiante.

Daniel é um exemplo bíblico de como a oração em momentos de indecisão pode trazer clareza. Quando o rei Nabucodonosor teve um sonho que nenhum dos sábios da Babilônia conseguiu interpretar, Daniel e seus amigos buscaram a Deus em oração fervorosa, pedindo misericórdia e revelação (Daniel 2:17-19). Deus respondeu às suas orações, revelando o significado do sonho e salvando suas vidas. Esse episódio nos ensina que, mesmo diante de situações aparentemente impossíveis, a oração pode abrir portas para soluções divinas.

Além disso, a oração em momentos de indecisão nos ajuda a acalmar nosso coração e a ouvir a voz de Deus. O barulho das dúvidas e das expectativas externas pode nos afastar da vontade divina, mas quando silenciamos nossa alma diante de Deus em oração, encontramos paz e clareza. Em Salmos 46:10, lemos: "Parem de lutar! Saibam que eu sou Deus." Esse chamado ao descanso nos lembra que Deus é soberano e que podemos confiar nele mesmo quando não vemos o quadro completo.

A oração também nos ajuda a esperar em Deus com paciência. Muitas vezes, queremos respostas imediatas, mas Deus trabalha em seu tempo. Em Salmos 27:14, somos encorajados: "Espere no Senhor. Seja forte! Coragem! Espere no Senhor." Essa espera nos molda, nos ensina a depender de Deus e nos prepara para receber suas respostas com um coração grato e submisso.

Discernindo a vontade de Deus pela oração

Discernir a vontade de Deus é um desejo comum a todos que buscam viver uma vida alinhada ao seu propósito. A oração é o caminho principal pelo qual podemos conhecer e entender os planos de Deus para nós. Em Romanos 12:2, Paulo nos instrui: "Não se amoldem ao padrão deste mundo, mas transformem-se pela renovação da sua mente, para que sejam capazes de experimentar e comprovar a boa, agradável e perfeita vontade de Deus." Essa renovação começa na oração, onde pedimos que Deus alinhe nossos pensamentos aos seus.

Jesus nos deu o exemplo supremo de como discernir a vontade de Deus através da oração. No Jardim do Getsêmani, ele orou: "Pai, se queres, afasta de mim este cálice; contudo, não seja feita a minha vontade, mas a tua" (Lucas 22:42). Essa oração de rendição reflete a humildade de Jesus em submeter sua própria vontade ao plano do Pai, mesmo diante do sofrimento iminente. Quando oramos para discernir a vontade de Deus, também somos chamados a entregar nossos desejos e confiar que seu plano é sempre melhor.

Outro exemplo bíblico é o de Paulo, que em diversas ocasiões buscou direção divina para suas viagens missionárias. Em Atos 16:6-10, lemos que o Espírito Santo o impediu de pregar em determinadas regiões e, mais tarde, o direcionou a ir para a Macedônia através de uma visão. Esse relato nos ensina que a oração nos ajuda a reconhecer as portas que Deus está abrindo e fechando, permitindo que sigamos sua vontade com confiança.

A oração também nos guia na tomada de decisões cotidianas. Em Filipenses 4:6-7, somos encorajados: "Não andem ansiosos por coisa alguma, mas em tudo, pela oração e súplicas, e com ação de graças, apresentem seus pedidos a Deus. E a paz de Deus, que excede todo o entendimento, guardará os seus corações e as suas mentes em Cristo Jesus." Quando colocamos nossas decisões diante de Deus, Ele nos conduz com sua paz, confirmando sua vontade em nossos corações.

Cultivando uma vida de oração para direção divina

A busca por direção divina não deve ser um evento isolado em momentos de crise, mas uma prática constante que define nosso relacionamento com Deus. Cultivar uma vida de oração regular nos ajuda a permanecer conectados com o Pai e a discernir sua vontade em todas as áreas de nossa vida.

Uma das maneiras de cultivar essa vida de oração é estabelecer um tempo e lugar diários para estar a sós com Deus. Em Marcos 1:35, vemos que Jesus se retirava para lugares solitários para orar, mesmo em meio às demandas de seu ministério. Seguir seu exemplo nos ajuda a priorizar nossa comunhão com Deus e a criar um espaço onde possamos ouvir sua voz.

Além disso, é essencial incluir a Palavra de Deus em nossas orações. As Escrituras são a revelação da vontade de Deus, e meditar nelas nos ajuda a alinhar nossos pedidos com seu coração. Em Salmos 119:105, lemos: "A tua palavra é lâmpada que ilumina os meus passos e luz que clareia o meu caminho." Quando oramos com base na Palavra, somos guiados por sua verdade.

Outra prática fundamental é a disposição para ouvir. Muitas vezes, nossas orações são marcadas por palavras e pedidos, mas precisamos também aprender a silenciar nosso coração para ouvir o que Deus tem a dizer. Em 1 Reis 19:12, Deus falou a Elias em um sussurro suave, mostrando que ele nem sempre se manifesta de maneira grandiosa, mas em momentos de quietude.

Por fim, a gratidão é um elemento essencial de uma vida de oração. Quando agradecemos a Deus pelas respostas passadas, renovamos nossa fé para confiar em sua direção futura. Em 1 Tessalonicenses 5:18, somos instruídos: "Deem graças em todas as circunstâncias, pois esta é a vontade de Deus para vocês em Cristo Jesus." A gratidão nos lembra de que Deus é fiel e que podemos depender dele em todas as coisas.

Cultivar uma vida de oração para direção divina nos transforma, nos aproxima do coração de Deus e nos capacita a caminhar em seus propósitos com confiança e alegria. Quando confiamos nossas vidas a ele, descobrimos que sua direção é sempre boa, perfeita e agradável.

CAPÍTULO 17

A oração e a fortaleza na tentação

A tentação é uma realidade que todos enfrentamos em nossa caminhada cristã. Ela surge como um teste de nossa fidelidade a Deus e uma oportunidade de demonstrar dependência total dele. A oração é uma arma espiritual essencial para resistir às tentações, fortalecendo-nos com o poder de Deus e alinhando nossos corações à sua vontade. Em Mateus 26:41, Jesus exorta seus discípulos: "Vigiem e orem para que não caiam em tentação. O espírito é forte, mas a carne é fraca." Este versículo destaca a necessidade de estarmos espiritualmente alertas e conectados a Deus para vencer as provações.

Neste capítulo, exploraremos como a oração nos capacita a resistir às tentações, como ela nos ajuda a discernir as armadilhas do inimigo e como podemos desenvolver uma vida de oração que nos mantenha firmes em meio aos desafios. Veremos exemplos bíblicos de pessoas que enfrentaram tentações e aprenderemos lições práticas para aplicar em nossa jornada de fé.

A ORAÇÃO COMO ESCUDO CONTRA A TENTAÇÃO

A oração é descrita nas Escrituras como um recurso poderoso para nos proteger contra as tentações. Quando nos colocamos diante de Deus em oração, buscamos sua força e sua perspectiva para enfrentar as provações. Em Efésios 6:11-12, Paulo nos instrui: "Vistam toda a armadura de Deus, para poderem ficar firmes contra as ciladas do diabo, pois a nossa luta não é contra seres humanos, mas contra os poderes e autoridades, contra os dominadores deste mundo de trevas, contra as forças espirituais do mal nas regiões celestiais." A oração é parte dessa armadura, permitindo-nos estar espiritualmente preparados.

Jesus é o maior exemplo de como a oração pode ser um escudo contra a tentação. No deserto, antes de iniciar seu ministério público, ele enfrentou tentações diretas do diabo (Mateus 4:1-11). Em resposta, Jesus citou as Escrituras e permaneceu firme. Embora o texto não mencione explicitamente a oração durante o confronto, sabemos que ele passou 40 dias em jejum e oração, preparando-se espiritualmente para a batalha. Isso nos ensina que uma vida de oração consistente é fundamental para estarmos prontos quando a tentação surgir.

Outro exemplo é encontrado na vida de José, que resistiu à tentação da mulher de Potifar (Gênesis 39:6-12). Embora o texto também não mencione explicitamente a oração, vemos que José vivia em temor a Deus e confiava em sua presença. Isso demonstra que a intimidade com Deus, cultivada pela oração, fortalece-nos para dizer "não" àquilo que nos afastaria dele.

A oração também nos ajuda a identificar as armadilhas do inimigo antes que caiamos nelas. Em Salmos 119:105, lemos: "A tua palavra é lâmpada que ilumina os meus passos e luz que clareia o meu caminho." Quando oramos, pedimos que Deus revele seus caminhos e nos guie por trajetos seguros. Essa orientação é essencial para evitarmos situações que possam nos levar à tentação.

Aprendendo com exemplos bíblicos de oração na tentação

A Bíblia nos fornece diversos exemplos de homens e mulheres que enfrentaram tentações e buscaram a Deus em oração. Esses relatos nos inspiram e nos ensinam a confiar na ajuda divina para resistir ao mal.

Davi é um exemplo de como a oração pode trazer restauração após a queda na tentação. Após cometer adultério com Bate-Seba e ser confrontado pelo profeta Natã, ele se arrependeu profundamente e clamou a Deus em oração. No Salmo 51, Davi ora: "Cria em mim um coração puro, ó Deus, e renova dentro de mim um espírito estável". Sua oração sincera nos mostra que, mesmo quando falhamos, podemos recorrer a Deus em busca de perdão e renovação.

Outro exemplo poderoso é o de Daniel, que enfrentou a tentação de abandonar sua fidelidade a Deus em um ambiente hostil. Quando foi proibido de orar ao Senhor, Daniel manteve sua prática de oração três vezes ao dia, mesmo sob o risco de ser lançado na cova dos leões (Daniel 6:10). Sua oração constante e sua confiança em Deus o capacitaram a permanecer firme, e Deus o livrou de maneira milagrosa.

Jesus também nos ensina sobre a importância de orar para resistir à tentação. No Jardim do Getsêmani, ele enfrentou uma batalha espiritual intensa antes de sua crucificação. Em Lucas 22:44, lemos que Jesus orou com tanta angústia que seu suor se transformou em gotas de sangue. Ele pediu: "Pai, se queres, afasta de mim este cálice; contudo, não seja feita a minha vontade, mas a tua". Sua oração demonstra que, mesmo nos momentos mais difíceis, podemos buscar força em Deus para obedecer à sua vontade.

Esses exemplos nos mostram que a oração não apenas nos ajuda a resistir à tentação, mas também nos fortalece para enfrentar suas consequências e permanecer fiéis a Deus.

Desenvolvendo uma vida de oração para resistir às tentações

Desenvolver uma vida de oração consistente é fundamental para resistirmos às tentações e vivermos em obediência a Deus. Essa prática exige intencionalidade e dedicação, mas os frutos são inestimáveis.

Primeiramente, é importante reservar um tempo diário para a oração. Em Mateus 6:6, Jesus nos instrui: "Mas quando você orar, vá para seu quarto, feche a porta e ore a seu Pai, que está em secreto. Então seu Pai, que vê em secreto, o recompensará." Esse momento de intimidade com Deus nos fortalece e nos prepara para os desafios diários.

Além disso, incluir a Palavra de Deus em nossas orações nos ajuda a estar espiritualmente equipados. Declarar as Escrituras em oração é uma maneira de alinhar nossos pensamentos com a verdade de Deus. Por exemplo, ao enfrentar tentações, podemos orar com base em 1 Coríntios 10:13: "Não sobreveio a vocês tentação que não fosse comum aos homens. E Deus é fiel; ele não permitirá que vocês sejam tentados além do que podem suportar. Mas, quando forem tentados, ele mesmo providenciará um escape, para que o possam suportar."

O jejum é outra prática que potencializa nossa vida de oração e nos ajuda a resistir às tentações. Em Mateus 4:2, vemos que Jesus jejuou durante 40 dias antes de enfrentar as tentações no deserto. O jejum nos ajuda a fortalecer nosso espírito e a focar em Deus, desviando nossa atenção das distrações e desejos carnais.

Por fim, é essencial cultivar uma atitude de vigilância espiritual. Em 1 Pedro 5:8, somos advertidos: "Estejam atentos e vigiem. O diabo, o inimigo de vocês, anda ao redor como leão, rugindo e procurando a quem possa devorar." A oração nos mantém alertas e conectados a Deus, permitindo-nos identificar e resistir às investidas do inimigo.

Desenvolver uma vida de oração para resistir às tentações é um compromisso que nos conduz a uma caminhada mais firme e fiel. Ao depender de Deus em oração, descobrimos que ele é a nossa fortaleza em todos os momentos de provação.

CAPÍTULO 18

A oração e a cura interior

A cura interior é um processo essencial para aqueles que desejam viver em plenitude espiritual, emocional e mental. Muitas vezes, carregamos feridas do passado que nos impedem de experimentar a liberdade que Deus deseja para nós. A oração é um instrumento divino que nos leva a um encontro com o Consolador, permitindo que ele trate nossos corações e restaure nossas áreas mais profundas. Em Salmos 34:18, lemos: "O Senhor está perto dos que têm o coração quebrantado e salva os de espírito abatido." Este versículo nos lembra que Deus é sensível às nossas dores e está disposto a nos trazer cura por meio da oração.

Neste capítulo, exploraremos como a oração promove a cura interior, como ela nos ajuda a lidar com traumas e memórias dolorosas e como desenvolver uma vida de oração que favoreça a restauração emocional. Também analisaremos exemplos bíblicos de pessoas que experimentaram cura através de sua comunhão com Deus, aprendendo lições que podemos aplicar em nossa jornada de cura.

A ORAÇÃO COMO CAMINHO PARA A CURA

A oração é o meio pelo qual nos aproximamos de Deus, entregando a ele nossas dores e permitindo que sua graça nos transforme. Quando oramos por cura interior, nós reconhecemos nossa limitação e convidamos Deus a trabalhar em nossas vidas. Em Mateus 11:28-30, Jesus nos convida: "Venham a mim, todos os que estão cansados e sobrecarregados, e eu lhes darei descanso. Tomem sobre vocês o meu jugo e aprendam de mim, pois sou manso e humilde de coração, e vocês encontrarão descanso para as suas almas. Pois o meu jugo é suave e o meu fardo é leve." Este convite reflete a disposição de Cristo em aliviar nossos fardos e nos trazer cura.

Um exemplo bíblico é o de Ana, que enfrentava a dor da infertilidade e da humilhação. Em 1 Samuel 1:10, lemos que Ana "chorava muito e orava ao Senhor". Sua oração fervorosa foi ouvida, e Deus lhe concedeu Samuel, trazendo restauração e alegria. Essa história nos ensina que a oração não apenas alivia nossas emoções, mas também nos conecta ao poder de Deus para transformar nossa realidade.

A oração também nos ajuda a identificar as raízes de nossas dores. Muitas vezes, as feridas emocionais são causadas por experiências passadas que deixaram marcas em nossa alma. Em Salmos 139:23-24, Davi ora: "Sonda-me, ó Deus, e conhece o meu coração; prova-me, e conhece as minhas inquietações. Vê se em minha conduta há algo que te ofende, e dirige-me pelo caminho eterno." Essa oração nos encoraja a buscar em Deus o discernimento para identificar áreas que necessitam de cura.

A cura interior através da oração não é apenas um processo individual, mas também uma experiência de dependência total de Deus. Quando colocamos nossas dores em suas mãos, experimentamos paz e renovação, como descrito em Filipenses 4:6-7: "Não andem ansiosos por coisa alguma, mas em tudo, pela oração e súplicas, e com ação de graças, apresentem seus pedidos a Deus. E a paz de Deus, que excede todo o entendimento, guardará os seus corações e as suas mentes em Cristo Jesus."

Enfrentando traumas e memórias dolorosas em oração

Os traumas e as memórias dolorosas podem ser barreiras que nos impedem de viver plenamente. Contudo, a oração nos ajuda a enfrentar esses desafios com coragem e esperança, pois não estamos sozinhos nesse processo. Em Isaías 61:1, encontramos uma promessa que revela o coração de Deus para a restauração: "O Espírito do Soberano Senhor está sobre mim, porque o Senhor ungiu-me para levar boas notícias aos pobres. Enviou-me para cuidar dos que estão com o coração quebrantado, anunciar liberdade aos cativos e libertar das trevas os prisioneiros."

Uma maneira de enfrentar traumas em oração é trazer nossas memórias diante de Deus, pedindo que ele as transforme. Em Josué 1:9, Deus encoraja: "Não fui eu que lhe ordenei? Seja forte e corajoso! Não se apavore nem desanime, pois o Senhor, o seu Deus, estará com você por onde você andar." Quando oramos, declaramos nossa confiança nessa promessa, permitindo que Deus renove nossa mente e nos liberte do peso das lembranças dolorosas.

José, filho de Jacó, é um exemplo de como enfrentar traumas através da oração e da confiança em Deus. Traído por seus irmãos, vendido como escravo e injustamente preso, José poderia ter se deixado consumir pela amargura. No entanto, ele manteve sua fé em Deus e, eventualmente, experimentou restauração. Em Gênesis 50:20, José declara: "Vocês planejaram o mal contra mim, mas Deus o tornou em bem para que hoje fosse preservada a vida de muitos." Essa perspectiva mostra que a oração nos ajuda a ver nossos traumas sob a luz da soberania de Deus.

Além disso, a oração nos ajuda a liberar o perdão, que é essencial para a cura interior. Em Mateus 6:14-15, Jesus ensina: "Pois se vocês perdoarem as ofensas uns dos outros, o Pai celestial também lhes perdoará. Mas se não perdoarem uns aos outros, o Pai celestial não lhes perdoará as ofensas." Quando oramos, pedimos que Deus nos dê graça para perdoar, permitindo que nosso coração seja libertado da dor e da raiva.

Cultivando uma vida de oração para restauração emocional

A restauração emocional é um processo que exige consistência e dedicação na oração. Para cultivar uma vida de oração que favoreça a cura interior, precisamos criar espaços regulares para estar na presença de Deus, abrindo nosso coração para que ele trabalhe em nós.

Primeiramente, é importante praticar a oração de gratidão, mesmo em meio à dor. Em 1 Tessalonicenses 5:18, Paulo nos instrui: "Deem graças em todas as circunstâncias, pois esta é a vontade de Deus para vocês em Cristo Jesus." A gratidão nos ajuda a mudar nosso foco das dificuldades para as bênçãos, fortalecendo nossa fé em Deus.

Outra prática importante é a meditação na Palavra de Deus. As Escrituras são um recurso poderoso para a cura, pois nos revelam o amor e as promessas de Deus. Em Salmos 107:20, lemos: "Ele enviou a sua palavra e os curou, e os livrou da morte." Quando meditamos na Palavra em oração, permitimos que ela penetre em nosso coração e traga transformação.

Além disso, a confissão é uma parte essencial da oração para restauração emocional. Em Tiago 5:16, somos instruídos: “Portanto, confessem os seus pecados uns aos outros e orem uns pelos outros para serem curados. A oração de um justo é poderosa e eficaz.” Quando confessamos nossas dores e pecados a Deus e buscamos apoio na comunidade de fé, criamos um ambiente propício para a cura.

Por fim, precisamos aprender a descansar em Deus durante a oração. Em Salmos 23:3, o salmista declara: “Restaura-me o vigor. Guia-me nas veredas da justiça por amor do seu nome.” Quando descansamos em Deus, reconhecemos que é ele quem nos sustenta e nos restaura completamente.

Cultivar uma vida de oração para restauração emocional é um convite para caminhar com Deus em cada área de nossa vida. Ao confiarmos nossas dores a ele, experimentamos a paz e a alegria que só o seu toque pode oferecer.

CAPÍTULO 19

A oração e o poder do perdão

O perdão é um dos temas mais transformadores do evangelho e um dos desafios mais profundos que enfrentamos como cristãos. Ele é essencial para a nossa relação com Deus e com o próximo, sendo frequentemente descrito como uma chave para a liberdade espiritual e emocional. A oração desempenha um papel vital nesse processo, pois nos permite expressar nossas dores, pedir graça para perdoar e buscar a reconciliação onde possível. Em Mateus 6:14-15, Jesus ensina: "Pois se vocês perdoarem as ofensas uns dos outros, o Pai celestial também lhes perdoará. Mas se não perdoarem uns aos outros, o Pai celestial não lhes perdoará as ofensas."

Neste capítulo, exploraremos como a oração nos conduz ao perdão, como ela transforma nosso coração em relação às ofensas e como podemos cultivar uma vida de oração que promova a reconciliação e a paz. Veremos exemplos bíblicos de pessoas que praticaram o perdão através da oração e aprenderemos práticas que nos capacitam a perdoar, mesmo em situações desafiadoras.

A ORAÇÃO COMO CAMINHO PARA O PERDÃO

O perdão é um ato que exige graça divina, e a oração nos conecta à fonte dessa graça. Quando nos aproximamos de Deus em oração, podemos entregar nossas dores e ressentimentos a ele, permitindo que seu amor transforme nossos corações. Em Salmos 51:10, Davi ora: "Cria em mim um coração puro, ó Deus, e renova dentro de mim um espírito estável." Essa oração reflete o desejo de ser limpo de tudo o que impede nossa comunhão com Deus, incluindo a falta de perdão.

Um exemplo poderoso de perdão através da oração é o de Estevão, que, ao ser apedrejado, clamou: "Senhor, não os consideres culpados deste pecado" (Atos 7:60). Sua oração revela um coração completamente entregue a Deus, capaz de perdoar mesmo em meio à injustiça. Este exemplo nos desafia a buscar em Deus a capacidade de perdoar, mesmo nas circunstâncias mais difíceis.

A oração também nos ajuda a reconhecer nossa própria necessidade de perdão. Em 1 João 1:9, lemos: "Se confessarmos os nossos pecados, ele é fiel e justo para perdoar os nossos pecados e nos purificar de toda injustiça." Quando oramos pedindo perdão a Deus, somos lembrados de sua misericórdia e capacitados a estender essa mesma misericórdia aos outros.

A oração como caminho para o perdão também nos ajuda a liberar a carga emocional que as ofensas trazem. Em Filipenses 4:6-7, somos encorajados: "Não andem ansiosos por coisa alguma, mas em tudo, pela oração e súplicas, e com ação de graças, apresentem seus pedidos a Deus. E a paz de Deus, que excede todo o entendimento, guardará os seus corações e as suas mentes em Cristo Jesus." Quando entregamos nossas dores a Deus, experimentamos sua paz e somos fortalecidos para perdoar.

Exemplos bíblicos de perdão através da oração

As Escrituras apresentam vários exemplos de pessoas que buscaram o perdão através da oração, revelando a profundidade desse ato de fé e entrega. Um dos exemplos mais impactantes é o de José, que perdoou seus irmãos após anos de traição e sofrimento. Em Gênesis 50:20, ele declara: "Vocês planejaram o mal contra mim, mas Deus o tornou em bem para que hoje fosse preservada a vida de muitos." Embora a oração de José não seja explicitamente mencionada, sua relação com Deus é evidente em suas palavras e atitudes, mostrando que o perdão nasce de um coração transformado pela presença divina.

Outro exemplo marcante é o de Jesus na cruz. Em meio à dor e ao sofrimento, ele orou: "Pai, perdoa-lhes, pois não sabem o que estão fazendo" (Lucas 23:34). Essa oração de Jesus demonstra a profundidade de seu amor e nos ensina que o perdão é um ato de graça que reflete o caráter de Deus.

Daniel também nos oferece um exemplo de intercessão por perdão. Em Daniel 9:4-5, ele ora confessando os pecados do povo: "Senhor, Deus grande e temível, que mantém a sua aliança de amor com aqueles que o amam e obedecem aos seus mandamentos, nós temos pecado e feito o mal. Fomos rebeldes e nos afastamos dos teus mandamentos e das tuas leis". Sua oração reflete um coração contrito que busca reconciliação com Deus.

Esses exemplos bíblicos nos inspiram a buscar o perdão através da oração, reconhecendo que esse ato nos aproxima de Deus e nos liberta do peso das ofensas.

Cultivando uma vida de oração para praticar o perdão

Cultivar uma vida de oração que nos capacite a perdoar é um processo que exige intencionalidade e compromisso. A oração não apenas nos fortalece para liberar o perdão, mas também nos ajuda a evitar a amargura e a promover a reconciliação.

Um passo importante é praticar a gratidão em nossas orações. Em 1 Tessalonicenses 5:18, somos instruídos: "Deem graças em todas as circunstâncias, pois esta é a vontade de Deus para vocês em Cristo Jesus." A gratidão nos ajuda a focar nas bênçãos de Deus e a enxergar os outros através da perspectiva divina.

Além disso, precisamos incluir a confissão em nossas orações. Em Tiago 5:16, lemos: "Portanto, confessem os seus pecados uns aos outros e orem uns pelos outros para serem curados. A oração de um justo é poderosa e eficaz." Quando confessamos nossas dificuldades em perdoar, abrimos espaço para que Deus trabalhe em nossos corações.

Outra prática fundamental é orar pelos que nos ofenderam. Em Mateus 5:44, Jesus nos instrui: "Amem os seus inimigos e orem por aqueles que os perseguem." Essa oração não apenas nos liberta da amargura, mas também nos ajuda a desenvolver um amor que reflete o coração de Deus.

Por fim, devemos buscar a direção de Deus para agir em reconciliação. Em Romanos 12:18, somos encorajados: "Façam todo o possível para viver em paz com todos." A oração nos capacita a discernir quando e como dar passos em direção à reconciliação, confiando que Deus nos guiará em cada situação.

Cultivar uma vida de oração voltada para o perdão nos transforma, aproxima-nos de Deus e nos capacita a viver em paz com os outros. O perdão é um reflexo do amor divino e um testemunho poderoso da graça que recebemos em Cristo.

CAPÍTULO 20

A oração e a esperança em tempos de tribulação

A vida é marcada por momentos de tribulação que testam nossa fé, paciência e esperança. Contudo, é justamente nesses momentos que a oração se torna uma âncora que nos conecta à presença e à fidelidade de Deus. Em Romanos 12:12, Paulo nos encoraja: "Alegrem-se na esperança, sejam pacientes na tribulação, perseverem na oração." Essa instrução reflete a importância de cultivar um espírito de oração que nos fortalece e renova nossa esperança em tempos difíceis.

Neste capítulo, exploraremos como a oração nos sustenta em meio às adversidades, como ela renova nossa confiança em Deus e como podemos construir uma vida de oração que nos permita enfrentar os desafios com esperança e fé. Veremos exemplos bíblicos de homens e mulheres que buscaram a Deus em oração durante suas tribulações e aprenderemos lições valiosas para aplicar em nossa caminhada.

A ORAÇÃO COMO FONTE DE FORÇA E ESPERANÇA

A oração é uma fonte inesgotável de força e esperança, especialmente em tempos de tribulação. Quando nos voltamos para Deus em oração, encontramos consolo em sua presença e somos lembrados de suas promessas. Em Salmos 46:1, lemos: "Deus é o nosso refúgio e a nossa fortaleza, auxílio sempre presente na adversidade." Este versículo nos encoraja a buscar em Deus a força necessária para enfrentar as dificuldades.

Um exemplo bíblico significativo é o de Ana, que em meio à dor de sua infertilidade orou fervorosamente ao Senhor (1 Samuel 1:10-20). Sua oração não apenas trouxe alívio emocional, mas também resultou em uma resposta divina. Ana é um exemplo de como a oração nos ajuda a lidar com as dores da vida, renovando nossa esperança e fortalecendo nossa confiança em Deus.

Outro exemplo é o de Davi, que frequentemente derramava seu coração diante de Deus em oração durante momentos de perigo e sofrimento. No Salmo 27:13-14, ele declara: "Apesar disso, esta certeza eu tenho: viverei até ver a bondade do Senhor na terra. Espere no Senhor. Seja forte! Coragem! Espere no Senhor." Esse testemunho nos ensina que a oração é um meio de renovar nossa esperança, mesmo quando as circunstâncias parecem insuperáveis.

A oração também nos ajuda a lembrar que Deus é soberano e fiel em cumprir suas promessas. Em Isaías 40:31, encontramos uma poderosa promessa: "Mas aqueles que esperam no Senhor renovam as suas forças. Voam alto como águias; correm e não ficam exaustos, andam e não se cansam." Quando oramos, somos renovados por essa esperança, confiando que Deus está no controle, mesmo em meio às tribulações.

Exemplos bíblicos de oração em tempos de tribulação

A história bíblica está repleta de exemplos de homens e mulheres que buscaram a Deus em oração durante momentos de tribulação. Esses relatos nos inspiram a confiar em Deus e a perseverar em nossa caminhada de fé.

Uma das histórias mais conhecidas é a de Daniel, que orava regularmente a Deus mesmo sob a ameaça de ser lançado na cova dos leões (Daniel 6:10). Sua oração constante demonstrava sua confiança inabalável em Deus, e o livramento que ele experimentou é um poderoso testemunho do cuidado divino em tempos de adversidade.

Outro exemplo é o de Elias, que orou fervorosamente para que Deus enviasse chuva após um período de seca severa em Israel (1 Reis 18:41-45). Sua persistência em oração é um modelo para nós, mostrando que Deus ouve nossas súplicas e responde no seu tempo perfeito.

No Novo Testamento, encontramos o exemplo de Paulo e Silas, que, ao serem presos injustamente, oraram e louvaram a Deus na prisão (Atos 16:25-26). Sua oração resultou em um terremoto que abriu as portas da prisão, mas mais importante, trouxe transformação espiritual ao carcereiro e sua família. Este relato nos ensina que a oração não apenas nos sustenta em tempos de tribulação, mas também pode impactar aqueles ao nosso redor.

Esses exemplos bíblicos nos lembram que a oração é um recurso poderoso em tempos de tribulação, capacitando-nos a permanecer firmes e a confiar no cuidado e na provisão de Deus.

CONSTRUINDO UMA VIDA DE ORAÇÃO PARA TEMPOS DE TRIBULAÇÃO

Uma vida de oração consistente é essencial para enfrentarmos as tribulações com esperança e fé. Esse relacionamento com Deus não se constrói apenas nos momentos de crise, mas é cultivado diariamente, permitindo que nossa confiança nele seja fortalecida.

Um dos primeiros passos é reservar um tempo regular para a oração. Em Marcos 1:35, vemos que Jesus frequentemente se retirava para lugares solitários para orar. Seguir seu exemplo nos ajuda a criar um espaço onde possamos derramar nosso coração diante de Deus e buscar sua orientação e consolo.

Além disso, devemos incluir a gratidão em nossas orações, mesmo em meio às dificuldades. Em 1 Tessalonicenses 5:18, somos instruídos: "Deem graças em todas as circunstâncias, pois esta

CAPÍTULO 21

A oração e a renovação da mente

A mente é um campo de batalha onde muitos dos desafios espirituais e emocionais são travados. Pensamentos de medo, dúvida e ansiedade podem nos aprisionar, afastando-nos da paz que Deus deseja para nossas vidas. Contudo, a oração é uma ferramenta divina que nos capacita a renovar a mente, alinhando nossos pensamentos às verdades da Palavra de Deus. Em Romanos 12:2, Paulo nos exorta: "Não se amoldem ao padrão deste mundo, mas transformem-se pela renovação da sua mente, para que sejam capazes de experimentar e comprovar a boa, agradável e perfeita vontade de Deus."

Neste capítulo, exploraremos como a oração nos ajuda a substituir pensamentos destrutivos por verdades espirituais, como ela nos fortalece contra as influências do mundo e como podemos desenvolver uma vida de oração que transforme nossa maneira de pensar. Veremos exemplos bíblicos de pessoas que renovaram suas mentes através da comunhão com Deus e aprenderemos práticas que nos ajudam a viver com uma mente renovada e em paz.

A ORAÇÃO COMO FERRAMENTA PARA TRANSFORMAR PENSAMENTOS

Nossos pensamentos influenciam diretamente nossas emoções, decisões e comportamentos. Quando permitimos que pensamentos negativos ou enganosos dominem nossa mente, afastamo-nos da vontade de Deus. A oração é o meio pelo qual levamos nossos pensamentos cativos a Cristo, permitindo que ele os alinhe à sua verdade. Em 2 Coríntios 10:4-5, Paulo declara: "As armas com as quais lutamos não são humanas; pelo contrário, são poderosas em Deus para destruir fortalezas. Destruímos argumentos e toda pretensão que se levanta contra o conhecimento de Deus, e levamos cativo todo pensamento, para torná-lo obediente a Cristo."

Jesus nos deu um exemplo claro de como a oração pode transformar pensamentos. Durante seus 40 dias no deserto, ele enfrentou tentações que buscavam desviar sua mente e coração do plano de Deus. Em resposta, Jesus usou a Palavra de Deus, demonstrando que uma mente focada em verdades bíblicas é essencial para resistir às influências destrutivas (Mateus 4:1-11).

Quando oramos, pedimos que Deus revele as mentiras que temos acreditado e que nos ajude a substituí-las por suas promessas. Por exemplo, se nos sentimos incapazes, podemos lembrar da promessa de Filipenses 4:13: "Tudo posso naquele que me fortalece." A oração não apenas transforma nossos pensamentos, mas também renova nossa fé e fortalece nosso coração.

Além disso, a oração nos ajuda a manter a perspectiva divina em meio aos desafios da vida. Em Isaías 26:3, somos encorajados: "Tu guardarás em perfeita paz aquele cujo propósito está firme, porque em ti confia." Quando oramos, entregamos nossas preocupações a Deus e permitimos que sua paz guarde nossas mentes e corações.

Renovando a mente contra as influências do mundo

Vivemos em um mundo que constantemente busca moldar nossos pensamentos conforme seus padrões. As influências da cultura, das mídias sociais e das opiniões externas podem facilmente distorcer nossa percepção da verdade e nos afastar dos propósitos de Deus. Contudo, a oração nos ajuda a discernir essas influências e a manter nossa mente alinhada às verdades eternas.

Em Colossenses 3:2, Paulo nos instrui: "Mantenham o pensamento nas coisas do alto, e não nas coisas terrenas." A oração é o meio pelo qual voltamos nosso foco para Deus, buscando sua sabedoria e orientação em meio às vozes conflitantes ao nosso redor.

Josué é um exemplo de como a oração e a meditação na Palavra podem renovar a mente contra as influências do mundo. Em Josué 1:8, Deus ordena: "Não deixe de falar as palavras deste Livro da Lei e de meditar nelas de dia e de noite, para que você cumpra fielmente tudo o que nele está escrito. Só então os seus caminhos prosperarão e você será bem-sucedido." Por meio da oração e da meditação, Josué foi capacitado a liderar Israel com sabedoria e coragem.

A oração também nos protege contra a conformidade ao mundo, ajudando-nos a permanecer fiéis à vontade de Deus. Em 1 Pedro 5:8, somos advertidos: "Estejam atentos e vigiem. O diabo, o inimigo de vocês, anda ao redor como leão, rugindo e procurando a quem possa devorar." A oração nos mantém vigilantes, fortalecendo-nos contra as tentações e direcionando nossos pensamentos para aquilo que é puro, amável e digno de louvor (Filipenses 4:8).

Cultivando uma vida de oração para a renovação da mente

Cultivar uma vida de oração que promova a renovação da mente exige disciplina e intencionalidade. Primeiro, é fundamental estabelecer um tempo regular para a oração e a meditação na Palavra de Deus. Em Marcos 1:35, vemos que Jesus frequentemente se retirava para lugares solitários para orar. Seguir seu exemplo nos ajuda a criar espaços onde possamos focar nossos pensamentos em Deus e buscar sua direção.

Outro passo importante é incluir a gratidão em nossas orações. Em 1 Tessalonicenses 5:18, somos instruídos: "Deem graças em todas as circunstâncias, pois esta é a vontade de Deus para vocês em Cristo Jesus." A gratidão nos ajuda a mudar nosso foco das dificuldades para as bênçãos, renovando nossos pensamentos com aquilo que é positivo e edificante.

A confissão também é essencial para a renovação da mente. Em Tiago 5:16, somos encorajados a confessar nossos pecados e a orar uns pelos outros para sermos curados. Quando confessamos nossos pensamentos negativos ou destrutivos, permitimos que Deus nos purifique e nos renove.

Por fim, precisamos aprender a ouvir a voz de Deus em oração. Em Salmos 46:10, somos convidados: "Parem de lutar! Saibam que eu sou Deus." Esse momento de quietude na oração nos permite ouvir a direção de Deus e alinhar nossos pensamentos à sua vontade.

Cultivar uma vida de oração para a renovação da mente nos transforma de dentro para fora. Quando permitimos que Deus trabalhe em nossos pensamentos, experimentamos a paz que excede todo o entendimento e somos capacitados a viver de acordo com sua boa, perfeita e agradável vontade.

CAPÍTULO 22

A oração e a restauração dos relacionamentos

Os relacionamentos desempenham um papel central em nossas vidas, mas muitas vezes enfrentam conflitos, mal-entendidos e feridas que ameaçam sua harmonia. A oração, no entanto, é um caminho poderoso para restaurar laços quebrados, trazer reconciliação e promover paz entre as partes envolvidas. Em Mateus 5:9, Jesus declara: "Bem-aventurados os pacificadores, pois serão chamados filhos de Deus." Este versículo nos lembra do chamado divino para buscar a paz e a cura nos relacionamentos, e a oração é um instrumento essencial nesse processo.

Neste capítulo, exploraremos como a oração pode restaurar relacionamentos, como ela nos capacita a perdoar e como promover reconciliação mesmo em situações desafiadoras. Analisaremos exemplos bíblicos de relações restauradas através da intercessão e aprenderemos práticas que podem transformar nossas relações diárias.

A ORAÇÃO COMO CAMINHO PARA A RECONCILIAÇÃO

Quando um relacionamento está quebrado, a dor emocional pode criar barreiras que parecem impossíveis de superar. Contudo, a oração abre um canal de comunhão com Deus, onde podemos entregar nossas feridas e pedir sua intervenção. Em Filipenses 4:6-7, somos encorajados: "Não andem ansiosos por coisa alguma, mas em tudo, pela oração e súplicas, e com ação de graças, apresentem seus pedidos a Deus. E a paz de Deus, que excede todo o entendimento, guardará os seus corações e as suas mentes em Cristo Jesus." Essa paz divina é um elemento-chave para iniciar o processo de reconciliação.

José é um exemplo bíblico poderoso de reconciliação que foi precedida por um coração rendido a Deus. Depois de ser traído e vendido como escravo por seus irmãos, José manteve sua fé e confiou na soberania de Deus. Quando teve a oportunidade de confrontar seus irmãos anos depois, ele escolheu o caminho do perdão e da reconciliação. Em Gênesis 50:20, José declara: "Vocês planejaram o mal contra mim, mas Deus o tornou em bem para que hoje fosse preservada a vida de muitos". Sua atitude demonstra que a oração e a dependência de Deus são essenciais para restaurar relacionamentos.

A oração também nos ajuda a remover o orgulho e a buscar a reconciliação com humildade. Em Mateus 5:23-24, Jesus instrui: "Portanto, se você estiver apresentando sua oferta diante do altar e ali se lembrar de que seu irmão tem algo contra você, deixe sua oferta ali, diante do altar, e vá primeiro reconciliar-se com seu irmão; depois volte e apresente sua oferta." Esse chamado à reconciliação mostra que nossos relacionamentos têm uma dimensão espiritual e que devemos buscar harmonia em oração antes de nos apresentarmos a Deus.

Exemplos bíblicos de relações restauradas pela oração

A Bíblia nos oferece vários exemplos de como a oração desempenhou um papel crucial na restauração de relacionamentos. Esses relatos não apenas nos inspiram, mas também nos mostram que nenhuma relação é tão danificada que Deus não possa restaurar.

Um exemplo notável é o de Esaú e Jacó. Depois de anos de conflito e separação devido ao engano de Jacó, Deus trabalhou no coração de ambos para trazer reconciliação. Em Gênesis 32 e 33, vemos Jacó orando fervorosamente antes de se encontrar com Esaú, reconhecendo sua necessidade de proteção divina e de favor. O resultado foi um reencontro marcado por perdão e restauração, mostrando que a oração pavimenta o caminho para a paz.

Outro exemplo é o de Moisés e o povo de Israel. Após o pecado do bezerro de ouro, Deus declarou que não acompanharia mais o povo em sua jornada. Moisés intercedeu em oração pelo povo, pedindo que Deus renovasse sua aliança e restaurasse seu relacionamento com Israel (Êxodo 32:11-14; 33:12-17). A oração de Moisés resultou em perdão e na continuidade da presença de Deus com o povo, destacando o poder da intercessão na restauração de laços espirituais.

No Novo Testamento, encontramos o exemplo de Paulo e João Marcos. Depois de um desentendimento que os separou durante uma missão, vemos evidências de que seu relacionamento foi restaurado. Em 2 Timóteo 4:11, Paulo pede: "Traga Marcos com você, porque ele me é útil para o ministério." Embora a oração não seja mencionada diretamente, o contexto sugere um coração moldado por Deus para promover a reconciliação e a cooperação no ministério.

CULTIVANDO UMA VIDA DE ORAÇÃO PARA RESTAURAR RELACIONAMENTOS

Restaurar relacionamentos exige uma vida de oração consistente e intencional. Primeiro, devemos orar por um coração humilde e disposto a perdoar. Em Colossenses 3:13, Paulo nos instrui: "Suportem-se uns aos outros e perdoem as queixas que tiverem uns contra os outros. Perdoem como o Senhor lhes perdoou." Essa oração nos ajuda a liberar ressentimentos e a buscar a paz.

Além disso, devemos interceder por aqueles com quem estamos em conflito, pedindo que Deus trabalhe em seus corações e nos nossos. Em Mateus 5:44, Jesus nos ensina: "Amem os seus inimigos e orem por aqueles que os perseguem." A intercessão é um ato de fé que nos aproxima do coração de Deus e nos ajuda a ver os outros com seus olhos.

A oração também nos capacita a buscar sabedoria para lidar com situações difíceis. Em Tiago 1:5, lemos: "Se algum de vocês tem falta de sabedoria, peça-a a Deus, que a todos dá livremente, de boa vontade; e lhe será concedida." Quando oramos por direção, Deus nos guia com discernimento e amor.

Finalmente, é importante praticar a gratidão em nossas orações, reconhecendo as bênçãos que Deus já trouxe a nossos relacionamentos. Em Filipenses 1:3-4, Paulo escreve: "Agradeço a meu Deus toda vez que me lembro de vocês. Em todas as minhas orações em favor de vocês, sempre oro com alegria." A gratidão nos ajuda a focar nas coisas positivas e a valorizar os relacionamentos que Deus nos deu.

Cultivar uma vida de oração para restaurar relacionamentos é um testemunho do amor e da graça de Deus em nossas vidas. Quando buscamos a Deus com sinceridade, experimentamos não apenas a restauração dos laços quebrados, mas também uma profunda transformação em nossos corações.

CAPÍTULO 23

A oração e o fortalecimento da fé

A fé é o alicerce da vida cristã, mas mesmo os corações mais devotos enfrentam momentos de dúvida, fraqueza e insegurança. A oração desempenha um papel vital no fortalecimento da fé, pois nos conecta ao Deus que é fiel e capaz de cumprir suas promessas. Em Hebreus 11:6, lemos: "Sem fé é impossível agradar a Deus, pois quem dele se aproxima precisa crer que ele existe e que recompensa aqueles que o buscam." A oração, portanto, é um ato de fé que nos ajuda a confiar em Deus mesmo quando as circunstâncias são desafiadoras.

Neste capítulo, exploraremos como a oração fortalece nossa fé, como ela nos ajuda a superar dúvidas e como desenvolver uma vida de oração que nos mantenha firmes em nossa caminhada com Deus. Veremos exemplos bíblicos de homens e mulheres que buscaram a Deus em oração para renovar sua fé e aprenderemos práticas que nos capacitam a confiar plenamente no Senhor.

A ORAÇÃO COMO FONTE DE RENOVAÇÃO DA FÉ

A oração é uma ponte que nos liga a Deus, permitindo-nos renovar nossa fé ao lembrarmos de sua soberania e de suas promessas. Em Salmos 34:4, o salmista declara: "Busquei o Senhor, e ele me respondeu; livrou-me de todos os meus temores." Este versículo nos encoraja a buscar a Deus em oração, confiando que ele ouve e responde.

Um exemplo significativo é encontrado na vida de Abraão, considerado o pai da fé. Em Gênesis 15:1-6, vemos Abraão dialogando com Deus sobre suas promessas. Apesar de sua idade avançada e da impossibilidade humana de ter filhos, Abraão creu na promessa de Deus e isso lhe foi creditado como justiça. Sua oração revela a importância de apresentar nossas dúvidas a Deus e permitir que ele renove nossa confiança em suas promessas.

A oração também nos ajuda a lembrar dos feitos passados de Deus, fortalecendo nossa fé para o presente. Em Salmos 77:11-12, o salmista afirma: "Recordarei os feitos do Senhor; recordarei os teus antigos milagres. Meditarei em todos os teus feitos e considerarei todos os teus feitos poderosos." Ao refletir sobre as obras de Deus, nossa fé é renovada e encontramos coragem para confiar nele em meio aos desafios.

Além disso, a oração nos conecta à paz de Deus, que é essencial para fortalecer nossa fé. Em Filipenses 4:6-7, Paulo escreve: "Não andem ansiosos por coisa alguma, mas em tudo, pela oração e súplicas, e com ação de graças, apresentem seus pedidos a Deus. E a paz de Deus, que excede todo o entendimento, guardará os seus corações e as suas mentes em Cristo Jesus." Essa paz nos capacita a enfrentar as dificuldades com confiança e esperança renovadas.

Superando dúvidas através da oração

As dúvidas são uma experiência comum na caminhada cristã, mas não precisam enfraquecer nossa fé. Pelo contrário, podem nos levar a uma relação mais profunda com Deus quando apresentadas a ele em oração. Em Marcos 9:24, encontramos a oração sincera de um pai que buscava a cura de seu filho: "Creio, ajuda-me a vencer a minha incredulidade!" Essa oração demonstra que Deus acolhe nossas dúvidas e nos ajuda a superá-las com sua graça.

Outro exemplo é o de Elias, que, após uma grande vitória no Monte Carmelo, enfrentou um momento de desespero e dúvida. Em 1 Reis 19:4-8, lemos que Elias orou pedindo a morte, mas Deus respondeu com provisão e encorajamento. A experiência de Elias nos ensina que a oração é um lugar seguro para expressar nossas fraquezas, permitindo que Deus nos fortaleça e nos renove.

A oração também nos ajuda a discernir a voz de Deus em meio às dúvidas. Em Tiago 1:5, somos instruídos: "Se algum de vocês tem falta de sabedoria, peça-a a Deus, que a todos dá livremente, de boa vontade; e lhe será concedida." Quando buscamos sabedoria em oração, Deus nos guia e nos ajuda a confiar em sua vontade, mesmo quando não entendemos completamente as circunstâncias.

Por fim, a oração nos conecta à comunidade de fé, que é um suporte valioso em momentos de dúvida. Em Atos 12:5, vemos a igreja orando fervorosamente por Pedro enquanto ele estava preso. Essa oração não apenas fortaleceu a fé da comunidade, mas também resultou na liberação milagrosa de Pedro. Esse exemplo nos lembra da importância de orar uns pelos outros e de buscar apoio em oração quando enfrentamos desafios.

CULTIVANDO UMA VIDA DE ORAÇÃO PARA FORTALECER A FÉ

Fortalecer a fé através da oração é um processo que exige consistência e intencionalidade. Primeiramente, devemos estabelecer um tempo regular de oração para estar na presença de Deus. Em Lucas 5:16, lemos que Jesus frequentemente se retirava para lugares solitários para orar. Seguir seu exemplo nos ajuda a criar um espaço onde possamos focar em Deus e renovar nossa fé.

Outro passo importante é incluir a gratidão em nossas orações. Em 1 Tessalonicenses 5:18, somos instruídos: "Deem graças em todas as circunstâncias, pois esta é a vontade de Deus para vocês em Cristo Jesus." A gratidão nos ajuda a reconhecer as bênçãos de Deus e a renovar nossa confiança em seu cuidado.

A confissão é outro elemento essencial. Em 1 João 1:9, somos encorajados: "Se confessarmos os nossos pecados, ele é fiel e justo para perdoar os nossos pecados e nos purificar de toda injustiça." Quando confessamos nossas dúvidas e fraquezas a Deus, permitimos que ele trabalhe em nossas vidas e fortaleça nossa fé.

Por fim, devemos cultivar um espírito de esperança em nossas orações. Em Hebreus 10:23, somos encorajados: "Apeguemo-nos com firmeza à esperança que professamos, pois aquele que prometeu é fiel." Quando oramos com esperança, declaramos nossa confiança na fidelidade de Deus e permitimos que ele renove nossa fé diariamente.

Cultivar uma vida de oração para fortalecer a fé é um caminho de crescimento espiritual que nos capacita a enfrentar os desafios da vida com confiança e alegria. Quando buscamos a Deus em oração, descobrimos que nossa fé é renovada e que podemos caminhar com firmeza em sua presença.

CAPÍTULO 24

A oração e a entrega dos planos a Deus

Fazer planos é uma parte natural da vida humana. Sonhamos, definimos metas e buscamos realizações que tragam sentido ao nosso caminhar. Contudo, a verdadeira sabedoria está em confiar nossos planos ao Senhor, reconhecendo que ele é soberano e sabe o que é melhor para nós. Em Provérbios 16:3, lemos: "Consagre ao Senhor tudo o que você faz, e os seus planos serão bem-sucedidos." A oração, nesse contexto, torna-se um ato de entrega, humildade e dependência do Pai.

Neste capítulo, exploraremos como a oração nos ajuda a alinhar nossos planos à vontade de Deus, como ela nos conduz a confiar nele em meio às incertezas e como cultivar uma vida de oração que nos permita entregar todas as áreas de nossa vida à soberania divina. Veremos exemplos bíblicos de homens e mulheres que entregaram seus planos a Deus em oração e aprenderemos princípios práticos para aplicar em nossa jornada de fé.

Alinhando os planos à vontade de Deus

Alinhar nossos planos à vontade de Deus exige um coração submisso e disposto a reconhecer que ele conhece todas as coisas. Quando oramos pedindo sua direção, declaramos nossa confiança em sua sabedoria e em seus propósitos. Em Jeremias 29:11, Deus nos lembra: "Porque eu sei os planos que tenho para vocês", diz o Senhor, "planos de fazê-los prosperar e não de causar dano, planos de dar-lhes esperança e um futuro." Esse versículo nos encoraja a confiar que os planos de Deus são melhores do que os nossos.

Jesus nos deu um exemplo poderoso de como alinhar os planos pessoais à vontade do Pai. No Jardim do Getsêmani, diante do sofrimento iminente, Ele orou: "Pai, se queres, afasta de mim este cálice; contudo, não seja feita a minha vontade, mas a tua" (Lucas 22:42). Essa oração reflete uma entrega completa e uma confiança plena nos planos divinos, mesmo diante da adversidade.

A oração também nos ajuda a discernir quais planos estão alinhados à vontade de Deus. Em Salmos 37:4-5, lemos: "Deleite-se no Senhor, e ele atenderá aos desejos do seu coração. Entregue o seu caminho ao Senhor; confie nele, e ele agirá." Quando buscamos a Deus em oração, ele ajusta nossos desejos e metas, guiando-nos a fazer escolhas que glorifiquem seu nome.

Confiando em Deus em meio às incertezas

As incertezas da vida podem nos levar a dúvidas e ansiedade, mas a oração nos ajuda a depositar nossa confiança no Deus que tudo sabe e tudo controla. Em Filipenses 4:6-7, Paulo escreve: "Não andem ansiosos por coisa alguma, mas em tudo, pela oração e súplicas, e com ação de graças, apresentem seus pedidos a Deus. E a paz de Deus, que excede todo o entendimento, guardará os seus corações e as suas mentes em Cristo Jesus." Essa paz, que vai além da compreensão humana, é um presente que recebemos ao confiar nossos planos ao Senhor.

Abraão é um exemplo bíblico de confiança em Deus em meio às incertezas. Quando chamado a sair de sua terra e ir para um lugar desconhecido, ele obedeceu pela fé, confiando nos planos de Deus (Hebreus 11:8). Sua oração e dependência de Deus nos mostram que, mesmo sem enxergar o caminho completo, podemos confiar no guia perfeito.

Outra história inspiradora é a de Ester, que enfrentou a incerteza de aproximar-se do rei sem ser chamada para interceder pelo povo judeu. Antes de tomar essa decisão arriscada, ela pediu que seu povo jejuasse e orasse por três dias (Ester 4:15-16). A resposta divina trouxe livramento, mostrando que confiar em Deus em oração nos capacita a enfrentar situações desafiadoras com coragem e esperança.

A oração nos ajuda a descansar em Deus, mesmo quando os resultados de nossos planos são incertos. Em Salmos 55:22, encontramos a seguinte promessa: "Entregue suas preocupações ao Senhor, e ele o susterá; jamais permitirá que o justo venha a cair." Essa confiança nos liberta da ansiedade e nos permite seguir em frente com fé.

Cultivando uma vida de oração para entregar os planos a Deus

Entregar nossos planos a Deus é um processo que requer uma vida de oração constante e sincera. Primeiramente, precisamos praticar a gratidão em nossas orações, reconhecendo as bênçãos e o cuidado de Deus em cada área de nossas vidas. Em 1 Tessalonicenses 5:18, Paulo nos instrui: "Deem graças em todas as circunstâncias, pois esta é a vontade de Deus para vocês em Cristo Jesus." A gratidão nos ajuda a lembrar que Deus está no controle e que seus planos são sempre melhores.

Outro passo importante é orar por sabedoria e discernimento ao fazer planos. Em Tiago 1:5, lemos: "Se algum de vocês tem falta de sabedoria, peça-a a Deus, que a todos dá livremente, de boa vontade; e lhe será concedida." Quando buscamos sabedoria em oração, Deus nos guia em nossas decisões e nos ajuda a alinhar nossos planos ao seu propósito.

A confissão também é essencial para entregar os planos a Deus. Em Salmos 32:5, Davi ora: "Então reconheci diante de ti o meu pecado e não encobri as minhas culpas. Eu disse: 'Confessarei as minhas transgressões ao Senhor', e tu perdoaste a culpa do meu pecado." Confessar nossas falhas e motivações erradas nos ajuda a buscar a pureza de intenções em nossos planos.

Finalmente, devemos cultivar um coração submisso em nossas orações, pedindo que a vontade de Deus prevaleça sobre a nossa. Em Mateus 6:10, Jesus nos ensina a orar: "Seja feita a tua vontade, assim na terra como no céu." Essa submissão nos conduz a uma vida de paz e confiança, sabendo que Deus trabalha todas as coisas para o bem daqueles que o amam (Romanos 8:28).

Cultivar uma vida de oração para entregar os planos a Deus nos transforma e nos ensina a confiar plenamente em sua soberania. Quando colocamos nossos sonhos e metas em suas mãos, experimentamos a paz que excede todo entendimento e a segurança de caminhar em sua perfeita vontade.

CAPÍTULO 25

A oração como instrumento de discernimento espiritual

Discernimento espiritual é a habilidade de compreender e avaliar situações, escolhas e influências à luz da vontade de Deus. Em um mundo repleto de vozes concorrentes e valores conflitantes, o discernimento é essencial para caminhar em fidelidade e sabedoria. A oração, como meio de comunhão com Deus, é uma ferramenta indispensável para desenvolver e fortalecer essa habilidade. Em Tiago 1:5, lemos: "Se algum de vocês tem falta de sabedoria, peça-a a Deus, que a todos dá livremente, de boa vontade; e lhe será concedida."

Neste capítulo, exploraremos como a oração nos ajuda a discernir a vontade de Deus, identificar perigos espirituais e tomar decisões alinhadas à sua Palavra. Veremos exemplos bíblicos de discernimento espiritual obtido pela oração e aprenderemos práticas que nos capacitam a ouvir a voz de Deus em meio às distrações e pressões diárias.

A ORAÇÃO COMO MEIO DE DISCERNIR A VONTADE DE DEUS

A oração nos conecta ao coração de Deus e nos permite alinhar nossos pensamentos e desejos com os seus propósitos. Quando buscamos a Deus em oração, abrimos espaço para que o Espírito Santo revele sua vontade em nossa vida. Em Romanos 12:2, Paulo nos instrui: "Não se amoldem ao padrão deste mundo, mas transformem-se pela renovação da sua mente, para que sejam capazes de experimentar e comprovar a boa, agradável e perfeita vontade de Deus."

Um exemplo bíblico é o de Davi, que frequentemente consultava ao Senhor antes de tomar decisões importantes. Em 1 Samuel 23:2, lemos: "Ele perguntou ao Senhor: 'Devo atacar os filisteus?'" Deus respondeu, guiando Davi a uma ação bem-sucedida. Esse episódio nos ensina que a oração é um canal para buscar a orientação de Deus e evitar escolhas precipitadas.

Jesus também demonstrou a importância de buscar a vontade do Pai em oração. Antes de escolher os doze apóstolos, ele passou uma noite inteira em oração (Lucas 6:12-13). Sua decisão foi fundamentada em comunhão com o Pai, mostrando que o discernimento espiritual exige tempo e dependência de Deus.

A oração também nos ajuda a reconhecer as portas que Deus está abrindo e fechando. Em Apocalipse 3:7, lemos: "O que ele abre, ninguém pode fechar; e o que ele fecha, ninguém pode abrir." Quando oramos pedindo discernimento, somos capacitados a perceber as oportunidades que estão alinhadas com a vontade divina e a evitar aquelas que poderiam nos desviar de seu plano.

IDENTIFICANDO PERIGOS ESPIRITUAIS PELA ORAÇÃO

O discernimento espiritual também envolve a habilidade de identificar perigos que podem comprometer nossa fé e nosso relacionamento com Deus. A oração nos torna mais sensíveis às armadilhas do inimigo e nos capacita a resistir ao mal. Em Efésios 6:11-12, Paulo nos instrui: "Vistam toda a armadura de Deus, para poderem ficar firmes contra as ciladas do diabo, pois a nossa luta não é contra seres humanos, mas contra os poderes e autoridades, contra os dominadores deste mundo de trevas, contra as forças espirituais do mal nas regiões celestiais."

Um exemplo bíblico é o de Neemias, que orou pedindo proteção e discernimento diante das ameaças de seus inimigos enquanto reconstruía os muros de Jerusalém (Neemias 4:9). Sua oração o fortaleceu para identificar as táticas do inimigo e continuar a obra sem desviar-se de seu propósito.

Outro exemplo é encontrado na experiência de Pedro. Antes de sua prisão, Jesus alertou Pedro sobre as intenções de Satanás de tentá-lo. Em Lucas 22:31-32, Jesus disse: "Simão, Simão, Satanás pediu para peneirar vocês como trigo. Mas eu orei por você, para que a sua fé não desfaleça." A oração de Jesus demonstra o poder de interceder para proteger contra os ataques espirituais.

A oração nos ajuda a discernir a presença de influências nocivas em nossas vidas e nos permite buscar a proteção de Deus. Em Salmos 119:105, lemos: "A tua palavra é lâmpada que ilumina os meus passos e luz que clareia o meu caminho." Quando oramos com base na Palavra, somos guiados por sua luz e evitamos as armadilhas das trevas.

Cultivando uma vida de oração para discernimento espiritual

Cultivar uma vida de oração voltada para o discernimento espiritual exige dedicação e uma atitude de busca constante por Deus. Primeiramente, precisamos priorizar momentos de oração silenciosa, onde possamos ouvir a voz de Deus. Em Salmos 46:10, somos instruídos: "Parem de lutar! Saibam que eu sou Deus." Esse tempo de quietude é essencial para discernir a direção divina.

A leitura da Palavra também é fundamental para o discernimento espiritual. Em Hebreus 4:12, encontramos: "Pois a palavra de Deus é viva e eficaz, mais cortante que qualquer espada de dois gumes; ela penetra ao ponto de dividir alma e espírito, juntas e medulas, e julga os pensamentos e intenções do coração." Quando combinamos oração com a meditação na Palavra, somos capacitados a tomar decisões que refletem a vontade de Deus.

Além disso, é importante buscar sabedoria através da confissão e intercessão. Em Tiago 5:16, lemos: "Portanto, confessem os seus pecados uns aos outros e orem uns pelos outros para serem curados. A oração de um justo é poderosa e eficaz." Compartilhar nossos desafios espirituais com irmãos em Cristo cria um ambiente de apoio e encorajamento.

Por fim, devemos cultivar um espírito de gratidão em nossas orações. Em 1 Tessalonicenses 5:18, Paulo escreve: "Deem graças em todas as circunstâncias, pois esta é a vontade de Deus para vocês em Cristo Jesus." A gratidão nos ajuda a manter o foco em Deus e a discernir suas mãos operando em nossas vidas.

Cultivar uma vida de oração para discernimento espiritual nos equipa para enfrentar os desafios da vida com sabedoria e coragem. Quando buscamos a Deus com sinceridade, somos guiados por sua luz e capacitados a viver de acordo com sua perfeita vontade.

Conclusão

Ao final desta jornada, é impossível não reconhecer o poder transformador da oração na vida de uma mulher. Mais do que palavras ditas ao vento, a oração é um ato de fé que move o céu e transforma a terra. É através dela que lágrimas silenciosas encontram conforto, corações aflitos são restaurados e situações aparentemente impossíveis são transformadas. Cada exemplo bíblico explorado aqui reforça que a oração é um convite divino à intimidade com Deus, onde a mulher pode derramar sua alma e encontrar direção, força e propósito.

Este livro, além de refletir sobre os aspectos práticos e espirituais da oração, é um testemunho vivo de que o diálogo constante com Deus não apenas transforma vidas individuais, mas também impacta famílias, comunidades e gerações futuras. Assim como Ana intercedeu por Samuel e Ester jejuou pelo seu povo, hoje, cada mulher é chamada a assumir seu papel como intercessora, agente de mudança e portadora de esperança. Que estas páginas sirvam como uma inspiração contínua para que você, leitora, nunca desista de buscar a Deus em oração. Pois é nessa prática que encontramos não apenas respostas, mas também o próprio Deus — o maior presente que a oração pode nos oferecer.